W0290885

Gut beraten im Nachbarschaftsrecht

Dr. Ulrich Janes, Nina Schubert-Hartlich, Arthur Trossen

Gut beraten im Nachbarschaftsrecht

Stiftung Warentest

Inhaltsverzeichnis

6 Was wollen Sie wissen?

11 Nachbarn: Ein besonderes Verhältnis

12 Wer sind eigentlich die Nachbarn?

13 Welche Auseinandersetzungen kann es geben?

14 Welche Vorschriften gelten?

15 Streitigkeiten mit zivilrechtlichem Bezug

26 Streitigkeiten mit öffentlich-rechtlichem Bezug

35 Den Konflikt lösen

37 Habe ich überhaupt einen Konflikt?

39 Der Umgang mit Konflikten

49 Methoden der Konfliktbeilegung

54 Die außergerichtliche Streitbeilegung

56 Was ist Mediation?

64 Was tun, wenn die Nachbarn unerträglich sind?

67 Der Gang vor Gericht

59

Mediation muss passen, wenn si
Erfolg haben sol
So finden Sie da
beste Verfahren.

116

Erlaubt oder nicht? Bei grenznahen Bauten sind die Bauaufsichtsbehörden mit im Spiel.

44

Wenn Sie sich gerade aufregen müssen: Unsere Tipps zur Kommunikation mit den Nachbarn beachten.

71 Was sagen Recht und Justiz?

72 Ziviles Nachbarrecht

88 Hat man denn nirgends seine Ruhe?

99 Unangenehme Gerüche

101 Was im und am Haus noch stören kann

110 Öffentliches Nachbarrecht

154 Hilfe

154 Adressen, Kontakte

156 Abkürzungsverzeichnis

157 Musterbriefe

168 Stichwortverzeichnis

176 Impressum

Was wollen Sie wissen?

Seine Nachbarn kann man sich meist nicht aussuchen, trotzdem sind sie uns im Alltag sehr nahe. Streitigkeiten lassen sich nicht immer vermeiden. Ungelöste Konflikte können im täglichen Umgang sehr belastend sein. Wie lassen sich also Streitigkeiten so beilegen, dass man in Zukunft wieder normal nebeneinander leben kann?

Wie kann ich mich im Streitfall wehren?

Zunächst kommt es darauf an, gegen wen oder was Sie sich wehren müssen. Wer ist eigentlich Ihr richtiger Ansprechpartner? Gehen Sie direkt gegen den Nachbarn vor oder müssen Sie sich an eine Behörde wenden? Es gibt ein großes Angebot an Verfahren der Konfliktbeilegung. Sie reichen von der Selbsthilfe über die beratende Unterstützung bis zur Vertretung vor Gericht oder bei Behörden. Das Kapitel „Den Konflikt lösen" (Seiten 35 ff.) hilft Ihnen, das passende Verfahren zu finden.

Wer muss die Prozesskosten eines Gerichtsprozesses zahlen?

Die Frage der Streitkosten hängt vom Streitaufwand ab und davon, wie die Auseinandersetzung betrieben wird. Die kostengünstigste Variante ist stets die direkte Auseinandersetzung mit dem Nachbarn. Wenn es zum Gerichtsverfahren kommt, zahlt grundsätzlich derjenige die gesamten Kosten des Rechtsstreits (eigenen Anwalt, gegnerischen Anwalt, Gerichtskosten) über die Instanzen, der im Verfahren am Ende letztlich unterliegt. Bei einem Teilunterliegen beider Streitparteien kann eine quotenmäßige Kostenbeteiligung erfolgen. Bei einem gerichtlichen Vergleich kommt es auf die Vereinbarung an. Üblicherweise werden dabei die Kosten gegeneinander aufgehoben, jeder zahlt seine Kosten selbst. Mehr Informationen zu den Kosten eines Rechtsstreits ab Seite 68.

Mein Nachbar baut auf seinem Grundstück und hält den Grenzabstand nicht ein. Was kann ich tun?

Wenn Sie direkt beim Nachbarn nichts erreichen, können Sie sich an die Baubehörde wenden und einen Antrag auf Baustopp stellen. Eventuell bietet sich auch ein Antrag auf einstweiligen Rechtsschutz nach § 123 VwGO (Verwaltungsgerichtsordnung) an und der Widerspruch respektive die Verpflichtungsklage, wenn der Baustopp abgelehnt wird.

Wie kann ich mich gegen eine Baugenehmigung wehren, wenn sie den Betrieb eines Gewerbes ermöglicht?

Der Eigentümer des Nachbargrundstücks hat in einem reinen Wohngebiet eine Baugenehmigung für eine kleine Autowerkstatt erhalten. Ist die Baugenehmigung mit Rechtsmittelbelehrung bekannt gemacht, kann und muss man dagegen innerhalb von einer Monatsfrist Widerspruch bzw. Anfechtungsklage erheben, eventuell einen Antrag auf Anordnung der aufschiebenden Wirkung nach § 80 Abs. 5 VwGO stellen (siehe Seite 118). Fehlt eine Rechtsmittelbelehrung oder ist sie fehlerhaft, beträgt die Frist für die Reaktion ein Jahr.

Wie kann ich gegen die Genehmigung einer Hochspannungsleitung in der Nachbarschaft vorgehen?

Ein Stromversorgungsunternehmen plant die Verlegung einer neuen Hochspannungsleitung im Rahmen eines Planfeststellungsverfahrens: Wie kann ich dagegen vorgehen? Innerhalb einer Zeitspanne der einmonatigen Auslegungsfrist zuzüglich zwei Wochen müssen Sie zwingend alle Einwendungen geltend machen, da Sie ansonsten ausgeschlossen (präkludiert) sind. Sodann ohne vorherigen Widerspruch mithilfe eines Anwalts vor dem Oberverwaltungsgericht (OVG) oder Verwaltungsgerichtshof (VGH) Klage erheben. Ein Anwalt ist notwendig, da beim OVG und VGH Anwaltszwang herrscht (siehe „Planfeststellungsverfahren“, Seite 113).

Wie kann ich gegen einen Bebauungsplan vorgehen?

Die Gemeinde plant, in Ihrer unmittelbaren Nachbarschaft ein Gewerbegebiet auszuweisen. Sie hat beschlossen, einen Bebauungsplan aufzustellen und hat dies bekannt gemacht. Welche Möglichkeiten stehen mir als Nachbar zu? Innerhalb der Offenlagefrist innerhalb eines Monats können bei der Gemeinde Einwendungen erhoben werden, über die die Gemeinde zu entscheiden hat. Nach dem Satzungsbeschluss durch den Gemeinderat und dessen öffentlicher Bekanntgabe kann durch einen Anwalt (beim OVG/VGH besteht Anwaltszwang) ein Normenkontrollantrag gestellt werden (siehe „Normenkontrolle, Bebauungsplan", Seite 124).

Lärmendes Gewerbe: Wie kann ich die Gewerbeaufsicht zum Einschreiten veranlassen?

Von der gegenüberliegenden Straßenseite dröhnt jede Nacht bis 2.00 Uhr morgens Musik von einer Bar herüber. Nach 2.00 Uhr, wenn die Gäste gehen, verabschieden diese sich laut, knallen Autotüren und lassen die Motoren aufheulen. All das bringt Sie regelmäßig um Ihre Nachtruhe: Ihre Optionen sind ein Antrag auf Einschreiten der Gewerbeaufsicht, ein Antrag auf Sperrzeitenverlängerung und der Antrag auf Untersagung beziehungsweise Entzug der Gaststättenerlaubnis (siehe „Lärm von Nachbarn", Seiten 98, 145 ff.)

Nachbarn: Ein besonderes Verhältnis

Nachbarn können sich meist nicht gänzlich aus dem Weg gehen. Das macht nachbarschaftliche Konflikte besonders heikel. Aber wer gilt eigentlich als Nachbar und in welchen Fragen kommt es häufig zum Streit?

Streitigkeiten zwischen Nachbarn kommen in allen möglichen Varianten vor. Dieses Kapitel soll Ihnen zunächst eine einführende Übersicht geben, wo nachbarschaftliche Konflikte auftreten und wie sie einzuschätzen sind. Dabei hat die Frage, wer oder was Nachbarn überhaupt sind, nicht nur eine rechtliche Bedeutung. Sie hat auch eine soziale Relevanz und wirkt sich auf das persönliche Wohlbefinden aus. Schon Gilbert Keith Chesterton, ein englischer Kriminalautor und Journalist, meinte:

Wir machen uns Freunde. Wir machen uns Feinde. Aber Gott macht uns den Nachbarn nebenan.

Doch auch, wenn Sie sich Ihre Nachbarn nicht ausgesucht haben: Sie können selbst bestimmen, welche Rolle die Nachbarin oder der Nachbar in Ihrem Leben spielen. Sie sind ihnen keineswegs schutzlos ausgeliefert.

Wer sind eigentlich die Nachbarn?

Nachbar ist nicht gleich Nachbar. Die Unterscheidungen sind auch rechtlich relevant.

Das Wort „Nachbar" gibt es seit dem 8. Jahrhundert und bedeutet „Nahewohnender", also der Mensch, der nebenan lebt. Dies können Eigentümer oder Mieter/Pächter von bebauten oder unbebauten Grundstücken sein, die nebeneinanderliegen; Eigentümer von Wohnungen in einer Wohnungseigentümergemeinschaft, aber auch alle Bewohner eines Mehrfamilienhauses, unabhängig davon, ob dies nun reine Mietwohnhäuser sind oder Häuser, in denen Wohnungseigentümer und Mieter von vermieteten Eigentumswohnungen leben.

- Wohnungsnachbarn (Mieter)
- Nachbarn einer Wohnungseigentümergemeinschaft (Wohnungseigentümer)
- Hausnachbarn (Mieter)
- Grundstücksnachbarn (Grundstückseigentümer)
- Gewerbetreibende
- Öffentliche Plätze oder Einrichtungen

Die Unterscheidung nach der Wohnsituation spielt juristisch eine ebenso große Rolle wie die Unterscheidung nach der Eigentumslage. Es ist ein Unterschied, ob Sie eine Wohnung in einem Mietshaus bewohnen oder ein alleinstehendes Haus. Verständlicherweise ist die Pflicht zur gegenseitigen Rücksichtnahme in einer Wohnanlage größer. Andererseits können Pflichten wie die Hausflurreinigung oder der Winterdienst unter den Bewohnern aufgeteilt werden. In einem Einfamilienhaus gibt es mehr Freiheiten, aber auch keine Möglichkeit, die Lasten oder Pflichten zu teilen.

Auch der rechtliche Status, ob Sie Eigentümer oder Mieter sind, spielt eine Rolle. Ein Mieter kann selbst kaum die Rechte einer durch den Nachbarn verursachten Eigentumsverletzung geltend machen. Wohl kann er als Mieter den Eigentümer der eigenen Wohnung gegebenenfalls veranlassen, die Rechte auszuüben, die zu einer Beseitigung der Störung führen. Die Frage, wer gegen wen gegebenenfalls Ansprüche geltend machen oder in Anspruch genommen werden kann, betrifft die sogenannte Aktiv- oder Passivlegitimation. Aktivlegitimiert ist immer der- oder diejenige, der/die nach der gültigen Rechtslage Inhaber/in des eingeklagten Rechts ist. Passivlegitimiert ist der-/diejenige Beklagte, der/die aus dem eingeklagten Recht verpflichtet ist.

Welche Auseinandersetzungen kann es geben?

Kommt es zum Streit, ist zuerst eine Frage zu klären: Handelt es sich um einen Konflikt mit den oder wegen der Nachbarn?

Ein Streit kann zahlreiche Anlässe haben. Doch wer ist eigentlich der Gegner? Streitigkeiten zwischen Nachbarn sind alle Auseinandersetzungen, die sich direkt an den Nachbarn selbst richten. Sie erfordern eine direkte Kommunikation mit dem Nachbarn. Juristisch formuliert ist der Nachbar aktiv- oder passivlegitimiert. Er ist also der verantwortliche Träger von Rechten und Pflichten.

Bei den folgenden Streitigkeiten geht es oft um Probleme, die wegen der Nachbarschaft entstanden sind, bei denen aber nicht der Nachbar selbst, sondern die Behörden zuständig sind, um das Problem zu lösen.

So gilt es, beim Bau von Häusern, Garagen oder sonstigen Gebäuden neben den Bestimmungen des öffentlichen Baurechts unter anderem Abstandsflächen oder Fensterrechte zur Verhinderung von Verdunkelungen des Nachbargrundstücks zu beachten. Aber auch nach Errichtung der Bauwerke gibt es oft Ärger, etwa wegen der Gartengestaltung, wegen Bäumen und Sträuchern an der Grundstücksgrenze oder wegen Grillrauch, Rasenmäher- und Laubsaugerkrach.

Sportvereine in direkter Nachbarschaft können durch Geräusche, die bei der Ausübung des Sports selbst entstehen (zum Beispiel Tennis), oder durch Veranstaltungen mit Zuschauerlärm nerven. Selbst Kirchenläuten oder Kuhglocken stören manchen Anwohner.

In Mehrfamilienhäusern gibt es die meisten Auseinandersetzungen wegen Lärmbelästigungen durch Hausarbeit, Kinder, Haustiere, Musik und Feiern, lauten Streit oder auch Sex. Es gibt Streitigkeiten über die Durchführung der Hausordnung oder den Winterdienst.

Über all diese Fälle mussten Gerichte bereits in zivilrechtlichen Auseinandersetzungen entscheiden. Mehrfach sind Streitigkeiten unter Nachbarn aber auch schon derart eskaliert, dass dann Strafgerichte (öffentliches Recht) über Beleidigungen, Nötigungen, Körperverletzungen und sogar Todesfälle entscheiden mussten.

Welche Vorschriften gelten?

Die Unterscheidung zwischen den Vorschriften des privaten Rechts und des öffentlichen Rechts beeinflusst auch die Frage der zu beachtenden Vorschriften. In der Rechtsbeziehung zwischen Nachbarn gelten die Vorschriften des Zivilrechts.

Nur ein Teil der „normalen" Beziehungen zwischen Nachbarn ist durch konkrete Gesetze geregelt, die dann aber die Rechte und Pflichten abschließend und ohne Ausnahme regeln.

So finden sich im Bürgerlichen Gesetzbuch (BGB) die grundsätzlichen Rechte eines Grundstückseigentümers und die Begrenzung des Grundstücks, die Rechte und Pflichten bei gefahrdrohenden Anlagen, drohendem Gebäudeeinsturz oder Grundstücksvertiefungen sowie die Rechte bei Pflanzen an der Grundstücksgrenze, Überbau, Notweg, Zäunen und sonstigen gemeinsamen Einrichtungen (§§ 903–924 BGB). Die genauen Maße der Grenzabstände von Gebäuden oder auch Pflanzen sind in den Bauordnungen, den Ausführungsgesetzen zum BGB (AGBGB) und den Nachbarrechtsgesetzen der Länder geregelt.

Für Wohnungs- und Teileigentümergemeinschaften gibt es zusätzlich die zum Grundbuch hinterlegte Teilungserklärung mit Gemeinschaftsordnung, die verbindlich für alle Mitglieder der Gemeinschaft deren Rechte und Pflichten zum Gemeinschaftseigentum regelt. Auch bestehen meist weitere Hausordnungen, die von der Gemeinschaft beschlossen wurden. Bei Mietwohnungen ergeben sich weiterhin Rechte und Verpflichtungen aus den jeweiligen Mietverträgen und der im Haus bestehenden Hausordnung, die der Vermieter aufgestellt hat.

Vieles ergibt sich aber auch aus dem sogenannten „nachbarschaftlichen Gemeinschaftsverhältnis". Dies bedeutet: Wegen der nahen Lebensverhältnisse besteht zwischen den Nachbarn eine Sonderbeziehung, die auf gegenseitiger Rücksichtnahme, Zuverlässigkeit und Aufrichtigkeit (Treu und Glauben) beruht (§ 242 BGB).

Die folgenden Beispiele geben Ihnen eine Einführung in die typischen Probleme im Bereich des Nachbarrechts. Nach jeder Falldarstellung werden Lösungsvorschläge unterbreitet. Danach folgt eine juristische Bewertung mit Hinweisen, wie das Recht bei der Durchsetzung der Lösung helfen kann. Zur besseren Übersicht wird zunächst wieder zwischen Fällen unterschieden, die unmittelbar zwischen Nachbarn zu Streitigkeiten führen und das Zivilrecht betreffen, und solchen, die mit Behörden zu tun haben und das öffentliche Recht ansprechen.

Streitigkeiten mit zivilrechtlichem Bezug

Nachbarrechtliche Streitigkeiten enden bei privatrechtlichen Auseinandersetzungen vor dem Zivilgericht. In Ausnahmefällen kann auch die Polizei hinzugezogen werden.

→ **Auseinandersetzungen** können schon allein dadurch entstehen, dass zwei Grundstücke direkt nebeneinanderliegen. Wenn zum Beispiel einer der Nachbarn einen Zaun zieht, damit nur noch von ihm Befugte sein Grundstück betreten oder auch darüberfahren können, kann dadurch dem Nachbarn unter Umständen jegliche Möglichkeit genommen werden, sein Grundstück zu erreichen. In anderen Fällen muss das Nachbargrundstück wegen Reparaturarbeiten betreten werden, was vom anderen Nachbarn verhindert wird.

Streit mit dem Nachbarn kann sich auch aus der Anlage und Pflege der einzelnen Gärten ergeben. Der eine liebt Naturgärten, während der andere seinen Rasen und die Beete und Rabatten akkurat hegt und pflegt. Unerwünschter Samenflug oder Blattfall, über die Grenze wachsende Äste, Zweige oder Wurzeln belästigen dann den ordnungsliebenden Nachbarn. Auch Dekorationsstücke wie Gartenzwerge und Ähnliches können stören oder sogar beleidigen.

Ärger verursachen dann auch die Bewohner des Grundstücks. So, wenn Lärm vom Nachbargrundstück beim Mittagsschlaf stört, oder, wenn abends lautstark gefeiert wird, auch während der Nachtruhe. Zusätzliche Belästigungen durch Rauch und Gestank ergeben sich bei Grillfesten, so wie auch die Tiere des Nachbarn stören können, zum Beispiel durch Hundegebell oder durch Streunen auf dem Nachbargrundstück und „Hinterlassenschaften", die dann beim Rasenmähen unerwünscht umherfliegen.

In Mehrfamilienhäusern, in denen die Menschen noch näher nebeneinander leben, gibt es neben den Lärmbelästigungen dann oft auch Auseinandersetzungen wegen Nichteinhaltung anderer Mieterpflichten, zum Beispiel der Hausordnung.

Wenn unter den Parteien keine gütliche Einigung durch klärende Gespräche möglich ist, so hilft der Blick ins Gesetzbuch. In den §§ 903 – 924 des Bürgerlichen Gesetzbuchs (BGB) sind die grundsätzlichen Befugnisse eines Eigentümers festgelegt, so sind auch die Probleme von Überhang, Überbau, Notweg und die Zuführung von „unwägbaren Stoffen" wie Schall, Rauch, Samen und Ähnlichem geregelt.

Nutzungsrechte
Die gewohnte Zufahrt zum hinteren Grundstück wird blockiert? Ein Problem, wenn dann kein Geh- und Fahrtrecht im Grundbuch steht.

Weitere Vorschriften ergeben sich aus den Ausführungsgesetzen der einzelnen Bundesländer zum BGB oder auch aus vertraglichen Vereinbarungen wie Teilungserklärung, Hausordnung und Mietvertrag.

Im Kapitel „Ziviles Nachbarrecht" ab Seite 72 werden diese Probleme im Einzelnen ausführlich behandelt, auch werden Hinweise und Tipps zum weiteren Vorgehen gegen den jeweiligen Störer gegeben.

Steigen wir also gleich mal ein in ganz typische Konflikte zwischen Nachbarn.

„Der kommt mir nicht mehr auf mein Grundstück"

Anton ist Eigentümer eines großen Grundstücks am See und teilt dieses in ein direkt am See liegendes und ein davorliegendes Grundstück zur Straße auf, das er an Bruno verkauft. Das Grundstück am See hat keinen eigenen Zugang zur Straße, weshalb Anton und seine Besucher so wie früher immer über das Grundstück von Bruno gehen oder fahren, um vor Antons Haus zu parken. Bruno geht dafür über das Grundstück von Anton zum See. Jahrelang geht dies gut.

Weil aber der Hund von Anton auf dem Grundstück von Bruno ständig sein Geschäft verrichtet und Anton sich daran stört, dass Bruno im Garten hinter seinem Haus oft unbekleidet herumläuft, kommt es zum Streit. Nach einer heftigen Auseinandersetzung zwischen Anton und Bruno zieht Bruno entlang der Grenze zwischen den beiden Grundstücken auf seiner Seite einen Zaun und versperrt damit den Zugang zum Grundstück von Anton. Er baut jedoch eine kleine Tür ein, damit er durch diese über das Grundstück von Anton zum See gelangen kann.

Anton kann deshalb seitdem sein Wohnhaus weder zu Fuß noch mit dem Auto erreichen, auch können seine Besucher nicht mehr direkt zu ihm gelangen und vor seinem Haus parken. Als Rache versperrt er seinerseits Bruno den Zugang zum See.

Gesetz und Recht: Ein Blick ins BGB ergibt: Gemäß § 903 kann der Eigentümer einer Sache, soweit nicht das Gesetz oder Rechte Dritter entgegenstehen, mit dieser nach Belieben verfahren und andere von jeder Einwirkung ausschließen.

Dies bedeutet: Anton und Bruno können es jeweils verbieten, dass Unbefugte ihr Grundstück betreten. Sie können sogar Strafanzeige wegen Hausfriedensbruchs erstatten, wenn andere dieses Verbot missachten. Bruno kann deshalb zum Schutz seines Grundstücks auch einen Zaun ziehen. Soweit dessen Ausführung ortsüblich ist und auch sonst keinen gesetzlichen oder örtlichen Vorschriften widerspricht, benötigt er dazu auch keine Baugenehmigung.

Anton kann jedoch nicht verbieten, dass Bruno sich in seinem eigenen Garten, ohne Einsicht durch die Öffentlichkeit, nackt sonnt oder dort badet. Handlungen auf dem eigenen Grundstück, die das ästhetische oder sittliche Empfinden des Nachbarn verletzen oder sogar den Verkehrswert des Nachbargrundstücks mindern, sind grundsätzlich nicht als Beeinträchtigung zu werten (RG 76, 130/32; BGH 95,307). Hier ist aber letztlich der Einzelfall entscheidend.

Anton kann jedoch nun nicht mehr sein eigenes Grundstück erreichen. Üblicherweise wird deshalb bei der Teilung von Grundstücken in ein Vorder- und ein Hinterliegergrundstück zugunsten des Hinterliegers ein Geh- und Fahrtrecht gemäß § 1018 ff. BGB vereinbart und dieses auch im Grundbuch eingetragen, wobei der Umfang der Nutzung und oft auch eine Beteiligung am Unterhalt des Weges dann einzelvertraglich ausgehandelt werden. Besteht ein solches im Grundbuch eingetragenes Geh- und Fahrtrecht, darf Anton auch über das Grundstück von Bruno gehen und fahren, wie dies auch seine Besucher dürfen.

Im vorliegenden Fall hat Anton bei der Aufteilung der Grundstücke vergessen, sich ein solches Geh- und Fahrtrecht zu sichern. Er ist aber der Ansicht, dass Bruno es weiterhin dulden muss, dass er über dessen Grundstück zu seinem eigenen Haus fährt, schließlich sei dies schon jahrelang so üblich und er habe deshalb bereits aus Gewohnheit dieses Recht. Gemäß Urteil des Bundesgerichtshofs (BGH V ZR 155/18) müssen Dienstbarkeiten gemäß §§ 1018 ff. BGB wie ein Geh- und Fahrtrecht im Grundbuch eingetragen werden, um wirksam zu sein. Ein Gewohnheitsrecht gibt es hier nicht.

Anton hat deshalb nur noch ein Notwegerecht gemäß § 917 BGB. Danach kann ein Grundstückseigentümer vom Nachbarn verlangen, dass er dessen Grundstück als Zugang beziehungsweise Zufahrt benutzen darf, wenn seinem Grundstück die notwendige Verbindung mit einem öffentlichen Weg fehlt und er somit sein Grundstück nicht mehr ordnungsgemäß benutzen kann.

Art und Ausmaß dieser Nutzung müssen begründet notwendig sein, bei einem Wohngrundstück ist auch die Zufahrt für Kraftfahrzeuge zur Erreichbarkeit des Grundstücks notwendig (BGH NJW-RR 09/515). So muss es auch möglich sein, dass zum Beispiel Lieferanten für Heizstoffe oder auch Krankenwagen das Anwesen von Anton erreichen können.

Dieses Notwegerecht gilt jedoch nicht für seine Besucher. Wenn die über das Grundstück von Bruno nur fahren wollen, um vor dem Haus des Anton parken zu können, ist dies nicht erlaubt, da nicht notwendig. Besucher haben, wenn in der Nähe auf der Straße eine Parkmöglichkeit besteht, ihr Fahrzeug dort abzustellen (BGH NJW-RR 14,398). Bruno kann zusätzlich für das Befahren seines Grundstücks von Anton eine Notwegrente verlangen.

Die Höhe der Notwegrente bemisst sich gemäß einer Entscheidung des BGH (BGH V ZR 297/89) grundsätzlich nach dem Wertverlust, den der Eigentümer des durch den Notweg belasteten Grundstücks hinnehmen muss, nicht nach dem Vorteil oder dem Nutzen, den der Berechtigte zieht.

Sollten die Parteien von sich aus keine Einigung über die Höhe der Notwegrente erzielen können, so muss hierzu ein Sachverständiger eingeschaltet werden. Er hat den Wertverlust des Verkehrswerts des Grundstücks zu errechnen und dann mit 4 Prozent auf die Dauer von 25 Jahren abzuzinsen (OLG München 7 U 4085/11).

Im Gegenzug kann Anton aber auch in Zukunft verbieten, dass Bruno sein Grundstück betritt, um zum See zu gelangen. Auch hier gibt es kein Gewohnheitsrecht. Auch ein Notwegerecht ist hier nicht gegeben, da das Grundstück von Bruno unmittelbaren Anschluss an einen öffentlichen Weg hat und er über das Grundstück von Anton nur zum See gelangt.

Wie geht es weiter? Wenn sich Anton und Bruno nicht wieder vertragen und gütlich einigen, so bleibt für jeden nur die Möglichkeit, ihre jeweiligen Ansprüche auf Unterlassung gemäß § 1004 ff. BGB beziehungsweise auf Gewährung und Duldung des Notwegerechts gemäß § 917 BGB gerichtlich geltend zu machen.

Was ist die beste Lösung? Das Sprichwort „Rache ist süß" kollidiert mit dem anderen bekannten „Wer zuletzt lacht, lacht am besten". Weil sich Nachbarn kaum aus dem Weg gehen können, kann man wohl davon ausgehen, dass der Racheakt nicht das letzte Lachen ist. Reaktion erzeugt Gegenreaktion. Es beweist Stärke, wenn man trotzdem den Weg in die Verhandlung sucht. Manchmal braucht es zunächst eine Eskalation, um den Nachbarn zum Verhandeln zu zwingen. Dann sollte man aber darauf achten, dass die Eskalation nicht in die Lösung (also das vorgestellte Verhandlungsergebnis), sondern lediglich in die ernsthafte Verhandlung führt.

Wenn die Garage plötzlich nicht mehr genutzt werden darf

Das Notwegerecht ist tatsächlich nur gegeben, wenn das betroffene Grundstück keine andere notwendige Verbindung zu einem öffentlichen Weg hat und es sonst nicht ordnungsgemäß, das heißt rechtmäßig, genutzt werden kann.

Dies mussten auch Hauseigentümer aus dem Raum Aachen erfahren, deren Garagen sich nicht vorne an der Straße, sondern hinter den Häusern befinden. Die Garagen können nur erreicht werden, wenn hierzu über Nachbargrundstücke gefahren wird. Sie stammen aus den 1940er-Jahren, auch belegen Schriftstücke die jahrzehntelange Nutzung und Überfahrt über die fremden Nachbargrundstücke. Außerdem hat auf dem Gelände der gewerbliche Mieter Klempnerbetrieb Röhrich ein Lager und seine Werkstatt. Ein Wegerecht ist im Grundbuch aber nicht eingetragen.

Das Nachbargrundstück, über das zum Erreichen der Garagen gefahren werden muss, wurde veräußert und der neue Eigentümer untersagt das Befahren seines Grundstücks und beginnt sogar mit der Errichtung einer Toranlage, um das Befahren zu unterbinden.

Was ist die beste Lösung? Menschen denken oft nur an sich. Das ist gar nicht negativ gemeint. Das Problem, das sie lösen wollen, sitzt so tief in den Gedanken, dass sie gar nicht an die Konsequenzen denken, die sich für andere ergeben. Im Bewusstsein ist nur die unerträgliche Vorstellung, dass Andere das Eigentum nutzen und ohne Vergütung über das Grundstück fahren. Dann ist der Gedanke im Bewusstsein dominant, dass den Anderen einmal gezeigt werden muss, „wo der Hammer hängt" – man möchte dem Anderen Schaden zufügen.

Um eine Lösung zu finden, muss man also die Absichten des Anderen kennen. Die wiederum erfährt man nur in einem offenen Gespräch. Im ersteren Fall dürfte es kein Problem sein, den Eigentümer auf die eigene Betroffenheit hinzuweisen, um einen Kompromiss zu finden. Im zweiten Fall wäre es eine zielführende Strategie, sich auf die Betroffenheit des Eigentümers einzulassen, um eine vernünftige Regelung zu finden. Nicht immer sind Gespräche möglich. So wie hier.

Gesetz und Recht: Das Landgericht Aachen und später das Oberlandesgericht (OLG) Köln gaben den Klägern zunächst recht: Sie seien aufgrund von Gewohnheitsrecht zur Nutzung des Weges zum Erreichen ihrer Garagen, zum Transport von Mülltonnen sowie zur Ausübung eines Gewerbebetriebs berechtigt.

Wie der BGH (BGH, V ZR 155/18) entschied, gibt es kein gewohnheitsmäßiges Geh- und Fahrtrecht durch lang andauernde Nutzung, selbst wenn die Nutzung für einen Gewerbebetrieb erforderlich ist.

Den Eigentümern der Garagen und des Gewerbes steht deshalb nur ein Notwegerecht zu, wenn dieses erforderlich ist.

Zur Klärung dieses Notwegerechts und dessen Erforderlichkeit hat der BGH am 20.01.2020 an das Berufungsgericht, das OLG Köln, zurückverwiesen. Eine Entscheidung hierzu ist noch nicht gefallen.

Der BGH hat jedoch festgestellt, dass ein Notwegerecht für einen Gewerbebetrieb voraussetzt, dass das Grundstück nach seinen konkreten Verhältnissen eine gewerbliche Nutzung größeren Umfangs erlaubt, insbesondere unter anderem eine Wareneinlagerung erforderlich und nicht anderweitig möglich ist. Dies hängt vom jeweiligen Einzelfall ab, der geprüft werden muss.

Inwieweit das Notwegerecht aber auch auf die privaten Garagen zutrifft, ist fraglich. Die Garagen sind nämlich, da ihnen eine Verbindung zur öffentlichen Straße fehlt, von Anfang an mangels korrekter Erschließung rechtswidrig errichtet worden, weswegen auch die Zufahrt zu diesen, wegen der rechtswidrigen Errichtung, nicht unbedingt erforderlich ist.

Wenn das Gericht tatsächlich für den Gewerbebetrieb und die Garagen ein Notwegerecht bejaht, so natürlich wiederum nur gegen Bezahlung einer Notwegrente.

Gemäß Urteil des OLKG Rostock vom 11.06.2020 besteht ein Notwegerecht nicht einmal, wenn im Bebauungsplan bereits Flächen für Geh-, Fahrt– oder Leitungsrechte vorgesehen sind.

Maßgeblich für das Notwegerecht ist ausschließlich, dass der Eigentümer nicht selbst durch eine willkürliche Handlung die Notlage herbeigeführt hat, zum Beispiel durch eine entsprechende Bebauung. Das Hinterliegergrundstück muss von vornherein ohne direkten Straßenanschluss gewesen sein. Ihm kann auch nicht vorgeworfen werden, dass er angrenzende, in seinem Eigentum stehende Grundstücke so bebaut hat, dass nun auch über diese kein Anschluss des Hinterliegergrundstücks möglich ist, da er hier wie ein unbeteiligter Dritteigentümer zu behandeln ist, der dazu ebenfalls nicht verpflichtet wäre.

Rache ist zäh wie Kaugummi

Hans und Rosi, beide um die 50 Jahre alt, beziehen ein Reihenhaus in der Kunststraße am Stadtrand von Neuhausen. Sie bewohnen das Eckhaus. Neben ihnen wohnt Gerda zusammen mit ihrem 18-jährigen Sohn Georg. Gerda ist verwitwet, Georg ist noch in der Ausbildung. Hans vermutet aber, dass er sich hauptberuflich mit Partys beschäftigt. Die Nachbarn wissen nicht viel voneinander, außer dass jede Familie über zwei Autos verfügt. Die Garagen der Häuser liegen direkt nebeneinander, sodass ein Auto in oder vor der Garage geparkt werden kann. Das andere Auto muss auf der Straße geparkt werden. Der Parkraum ist eng und wird durch Pflanzenkübel beschränkt, die der Kunststraße einen wohnlichen Charakter vermitteln.

Eines Morgens möchte Hans sein Auto aus der Garage fahren. Die Zufahrt wird jedoch von Georgs Auto blockiert. Hans ist ärgerlich, denn er muss dringend zur Arbeit. Hans klingelt am Nachbarhaus. „Es gibt sicher eine bessere Möglichkeit sich kennenzulernen", denkt er.

Gerda erklärt, dass ihr Sohn noch im Bett liege. Hans bittet sie, ihn zu wecken. Als Georg erst nach 15 Minuten erscheint, um das Auto wegzufahren, kann Hans nicht anders, er muss die Situation kommentieren und sagt: „Junger Mann. Etwas mehr Fleiß, Anstand und Rücksichtnahme helfen Ihnen sicher, wenn Sie mal wollen, dass etwas Vernünftiges aus Ihnen wird!"

Am nächsten Tag klebt ein Kaugummi an dem BMW von Hans. Natürlich vermutet Hans, dass Georg diesen Gruß hinterlassen hat. Er kann es aber nicht beweisen, beseitigt also ärgerlich den Kaugummi.

Am Tag darauf klebt ein Kaugummi nicht nur an seinem BMW, sondern auch an dem Twingo von Rosi. Der Verdacht gegen Georg wächst. Hans und Rosi fühlen sich bedrängt, sie sind sicher, dass man sich so etwas nicht gefallen lassen muss. Deshalb schreibt Rosi mit Lippenstift eine Ermahnung auf die Windschutzscheibe des Autos von Georg. „Pass auf!" sind ihre Worte. Sie hat sie so auf die Windschutzscheibe platziert, dass die Sicht beim Fahren beeinträchtigt wird. Die Situation eskaliert.

Hans informiert das Ordnungsamt über den gesamten Vorfall. Hinsichtlich des Zuparkens wird ihm gesagt, dass man für die vergangenen Fälle nichts machen könne. In Zukunft könne man ja mal vorbeischauen, ob korrekt geparkt wird. Aber weil es nur eine Seitenstraße ist, seien die Chancen schlecht. Für mögliche Sachbeschädigungen sei das Ordnungsamt nicht zuständig. Hans fühlt sich von den Behörden im Stich gelassen. Die Situation wird von Tag zu Tag unerträglicher.

Längst ist es nicht mehr nur der Kaugummi, der an der Windschutzscheibe klebt. Das Lebensgefühl in der Kunststraße wird beeinträchtigt. Hans und Rosi wissen nicht mehr weiter.

Was ist die beste Lösung? Die erste Frage, die Sie sich stellen sollten, lautet: „Habe ich überhaupt einen Konflikt?" Oder anders formuliert: „Was genau regt mich so daran auf, dass ein Rotzlöffel aus der Nachbarschaft einen Kaugummi auf meine Windschutzscheibe klebt?"

Oft geht es gar nicht um den Kaugummi, sondern um die Frechheit und die damit einhergehende Zumutung. „Was nimmt der sich heraus?" Man empfindet eine persönliche Zurückweisung.

In einem solchen Fall mag man sich überlegen, wer darüber entscheidet. Ist es der Angreifer oder der, der angegriffen wird? Man mag sich auch fragen, warum man es dem Anderen überlässt zu entscheiden, was für einen selbst Respekt bedeutet und was nicht.

Offenbar ist Hans Einschätzung und Reaktion dem Nachbarsjungen wichtig, sonst müsste er sich nicht so viel Mühe machen, Hans zu zeigen, dass er sich nicht einschüchtern lässt.

Die Frage nach dem eigentlichen Konflikt wird im Kapitel „Den Konflikt lösen" (siehe Seiten 35 ff.) ausführlicher besprochen.

Versetzen Sie sich in die Situation von Hans hinein: Hier ist die erste Weichenstellung, die Sie zu treffen haben. Spielen Sie das Spiel des Nachbarsjungen mit oder spielen Sie Ihr eigenes Spiel? Geht es um die Sache (also darum, dass die Belästigung in Zukunft unterbunden wird oder um Schadenersatz) oder darum, Respekt einzufordern?

Im ersten Fall sollten Sie überlegen, wie Sie den Nachbarn zu dem gewünschten Verhalten bewegen können. Suchen Sie das Gespräch. Wenn der Nachbarsjunge dafür nicht zur Verfügung steht, sprechen Sie mit Gerda und schildern Sie Ihre Not. Gerda hat sicherlich Einfluss auf ihren Sohn.

Im letzteren Fall sollten Sie überlegen, warum dafür das Verhalten anderer wichtig ist.

Bei jeder Vorgehensweise muss berücksichtigt und bedacht werden, dass eine Aktion eine Reaktion hervorruft und dass sich der Nachbar dann nicht als der agierende (= aggressive), sondern als der reagierende Teil (= Verteidiger) sehen mag.

Bedenken Sie auch, dass Ihre Reaktion für den Nachbarn stimulierend ist. Überlegen Sie bitte, was der Nachbarsjunge wohl macht, wenn seine Angriffe ins Leere gehen und keine Reaktion bei Ihnen hervorrufen? Wer eine Eskalation vermeiden will, sollte also zunächst mit sich selbst im Reinen sein und dann – falls es überhaupt noch nötig ist – das Gespräch suchen.

Gesetz und Recht: Juristisch betrachtet, besteht sowohl für das Ankleben des Kaugummis wie für die Beschriftung mit dem Lippenstift ein Beseitigungsanspruch nach § 1004 Abs. 1 BGB, ein Schadenersatzanspruch nach § 823 BGB, wenn ein Schaden an dem Fahrzeug entstanden ist, oder ein Unterlassungsanspruch (§ 1004 Abs. 1 BGB), wenn Wiederholungen zu befürchten sind. Ob das Verhalten des Nachbarsjungen in diesem Fall bereits als eine Beleidigung angesehen werden kann, ist mehr als fraglich.

Die Rechtslage ist schwierig. Es muss plausibel nachgewiesen werden können, wer den Kaugummi an die Scheibe klebt. Ein Schaden dürfte kaum entstehen, wenn der Kaugummi restlos beseitigt werden kann. Auch eine Wiederholungsgefahr ist darzulegen.

Wie geht es weiter? Zu empfehlen wäre es, bei einer guten Gelegenheit das Thema in einem Gespräch mit dem Nachbarn anzusprechen. Ideal wäre es, wenn das Gespräch aus einer zwanglosen Situation entwickelt wird. Wenn das Gespräch direkt mit Vorwürfen und Forderungen beginnt, neigt

Immer wieder Hundehaufen!
Das kann richtig teuer werden, wenn der Nachbar Klage vor Gericht erhebt. Ein Tierhalter sollte aber ohnehin verhindern, dass sein Hund den Nachbargarten als Toilette benutzt.

der Gesprächspartner entweder zu Gegenangriffen oder er macht dicht, das heißt, er lässt sich auf die Forderungen gar nicht ein. In dem Gespräch geht es also darum, dass der Gesprächspartner ein Ohr für die eigenen Nöte bekommt. Es ist also geschickt, das Gespräch so zu führen, dass das Thema wie zufällig aufkommt. „Apropos parken: Gestern habe ich in der Zeitung gelesen, dass jemand die Feuerwehrzufahrt im Nachbarort zugeparkt hat. Deshalb sind Menschen gefährdet worden. ... Ich habe da übrigens auch ein Problem ...“

Wenn das nichts bringt, muss man massiver werden. Drohungen sollten immer mit dem Angebot verbunden werden, einen anderen Weg zu gehen: „Ich überlege, dich anzuzeigen. ... Was würde sich daraus ergeben? ... Vielleicht ist es schlau, wenn wir beide das vermeiden ...“

Streunende Hunde und Katzen

Auch Eigenheimbesitzer können wegen ihrer Vierbeiner Ärger mit dem Nachbarn bekommen – vor allem, wenn ihr Hund regelmäßig seine Haufen in dessen Garten hinterlässt

Antons Hund läuft gelegentlich auf das Grundstück von Nachbar Bruno, um dort seine Geschäfte zu verrichten. Bruno ist darüber sehr verärgert, Anton bietet deshalb an, die Hinterlassenschaften jeweils zu entfernen. Dies passt Bruno jedoch nicht. Er erklärt: „Das fehlt noch, dass Sie hier einfach in meinem Garten rumlaufen, um irgendwelche Haufen zu entsorgen! Kommt ja gar nicht infrage, sorgen Sie dafür, dass Ihr Hund nicht auf mein Grundstück kommt, sonst werde ich selbst dafür sorgen.“ Er droht an, den Hund zu vergiften oder zu erschießen. Wenig später wird der Hund verletzt aufgefunden.

Was ist die beste Lösung? Das Thema Hund kann schon deshalb herausfordernd sein, weil Hunde emotional besetzt sind. Für den Hundehalter ist das dann so, als wenn die eigenen Kinder angegriffen werden. Die müssen um jeden Preis beschützt und entschuldigt werden. Themen wie Hundeverhalten können leicht in Grundsatzdebatten enden, sodass sich kaum noch eine Lösung finden lässt. Dann kommen Argumente auf wie: „Ein Hund hat auch Persönlichkeit und ein Recht auf Freiheit“ oder ähnlich. Es lohnt nicht, sich auf solche Argumente einzulassen.

Ein Gespräch ist trotzdem der beste Lösungsansatz. Es ist geschickt, das Gespräch nicht mit dem Reizthema zu beginnen, sondern den Blick des Hundehalters allmählich auf das Problem zu lenken, ohne dass er den Hund in Schutz nehmen muss. Es geht nicht um Schuld, es geht um eine Lösung! Das ist gar nicht so einfach.

Gesetz und Recht: Das Landgericht Bonn bestätigt, dass dies nicht hingenommen werden muss (LG Bonn, Az. 8 S 142/09). Wie bereits erwähnt, kann der Eigentümer eines Grundstücks gemäß § 903 BGB verbieten, dass jemand sein Grundstück betritt.

Auch muss ein Tierhalter dafür sorgen, dass keine Exkremente seiner Lieblinge in Nachbars Garten landen. Da Hundekot Krankheitserreger enthalten kann, gilt er rechtlich als Abfall. Das Oberlandesgericht Düsseldorf sieht es deshalb sogar als Ordnungswidrigkeit an, wenn Tierhalter die Hinterlassenschaften nicht aus dem Nachbargarten entfernen (Az. 5 Ss 300/90; 5 Ss 128/90).

Bruno kann auf jeden Fall verbieten, dass der Hund von Anton regelmäßig seinen Haufen im Garten von Bruno hinterlässt (LG Bonn, Az. 8 S 142/09). Er ist sogar berechtigt, vom Anton zu fordern, dass dieser die Hinterlassenschaften seines Hundes aus dem Garten von Bruno entfernt (OLG Düsseldorf , Az. 5 S s 300/90; 5 Ss 128/90).

Ein beliebtes Streitobjekt zwischen Nachbarn sind auch Katzen. Gelegentliches Streunen des Nachbarhunds oder auch einer Katze (Freigänger) auf seinem Grundstück muss Bruno zwar dulden, nicht jedoch mehrere Katzen (AG Neu-Ulm Az. 2 C 947/98). Und lebt auf dem betroffenen Grundstück ein Säugling, so müssen die Eigentümer das Eindringen von Katzen und Verunreinigungen durch deren Kot nicht dulden (LG Bonn, 8 S 142/09).

Wie geht es weiter? Sollte Anton weiterhin seinen Hund frei auf Brunos Grundstück laufen lassen, so kann dieser seinen Anspruch notfalls auch gerichtlich durchsetzen. Er kann ein Urteil erwirken, in dem es Anton und auch seinem Hund verboten wird, sein Eigentum zu betreten und dass im Fall der Zuwiderhandlung gegen dieses Urteil auch Strafe bezahlt werden muss.

Durch die Hinterlassenschaften des Hundes wird das Grundstück des Nachbarn jeweils beschädigt. Der Nachbar ist berechtigt, gemäß § 823 BGB die Kosten der Beseitigung des Hundekots als Schadenersatz von Anton zu verlangen (LG Berlin, 35 O 251/16).

Der Nachbar ist aber nicht berechtigt, zur Selbsthilfe zu greifen und den Hund zu verletzen oder sogar zu töten. Er würde da-

Grillen mit Freunden wird da zum Ärgernis für die Nachbarn, wo draußen nach 22.00 Uhr noch lautstark gefeiert wird.

durch nicht nur gegen die Bestimmungen des Tierschutzgesetzes (TierSchG) verstoßen, sondern er macht sich dadurch seinerseits der Sachbeschädigung schuldig und muss dann Anton die Kosten der Tierarztbehandlung oder den Wert des Hundes erstatten. Diese Kosten kann Anton dann seinerseits notfalls auch gerichtlich geltend machen.

Voraussetzung für die gegenseitigen Erstattungsansprüche ist jedoch, dass bewiesen werden kann, dass Antons Hund der Schuldige an den Hinterlassenschaften ist und der Nachbar seinerseits Antons Hund verletzt oder getötet hat.

Grillabend mit Folgen

Dieter ist ein sehr geselliger Mensch, er lädt gerne seine Freunde zu sich in den Garten ein. Dabei wird oft und lange gegrillt, auch dauern die Partys bei schönem Wetter im Freien oft bis in die frühen Morgenstunden. Mit steigendem Alkoholpegel werden auch die Unterhaltungen lauter, oft beginnen einige der Gäste noch zu singen, sodass in der Nachbarschaft an Schlaf nicht mehr zu denken ist.

Was ist die beste Lösung? In diversen Ratgebern wird empfohlen, einfach mitzufeiern, in vielen Fällen ist dies aber nicht möglich oder auch nicht gewünscht. Es bleibt deshalb nur die Möglichkeit, sich direkt zu beschweren und Dieter und seine Gäste aufzufordern, doch ruhiger zu sein. Sollte dieser Aufforderung nicht gefolgt werden, müsste die Polizei gerufen werden.

Gesetz und Recht: Gartenpartys mit Musik und Grill gehören für manche zum Sommer dazu. Sie sind grundsätzlich zulässig. Ab 22.00 Uhr muss man den Geräuschpegel aber stark senken oder die Party in die Innenräume verlegen.

Wie geht es weiter? Wurde die Polizei gerufen, so erteilt diese meist zuerst eine Verwarnung der Ruhestörung. Die beschwerdeführenden Nachbarn sind auch berechtigt, Strafanzeige zu erstatten. Eine

Anzeige sollte aber der letzte Ausweg sein. Ein schwerer Verstoß gegen die Ruhestörung kann ein Bußgeld von bis zu 5000 Euro verursachen.

In sehr schweren Fällen der Ruhestörung kann der Nachbar sogar Schmerzensgeld verlangen, wenn zum Beispiel durch körperliche Beeinträchtigungen wie Kopfschmerzen oder Schlafstörungen entstanden sind und dies auch durch ein ärztliches Attest nachgewiesen werden kann.

▶ **Noch mehr Hintergrundwissen und weitere typische Anlässe für Konflikte mit der Nachbarschaft gibt es in „Öffentliches Nachbarrecht" ab Seite 110.**

Streitigkeiten mit öffentlich-rechtlichem Bezug

Nicht jeder Streit, der wegen Nachbarn veranlasst ist, ist zwingend mit dem Nachbarn direkt auszutragen – etwa falls eine Behörde die anzufechtende Entscheidung getroffen hat.

Von öffentlich-rechtlichen Nachbarstreitigkeiten ist, wie in den folgenden Beispielen, die Rede, wenn eine Behörde einem Antragsteller eine Rechtsposition bewilligt oder gegen ein Verhalten nicht einschreitet, wodurch ein Dritter in seiner Rechtsposition negativ betroffen, gestört oder belästigt wird. Den Betroffenen steht nach erfolglosem Widerspruch dann der Weg zu den Verwaltungsgerichten gegen die jeweilige Behörde offen.

Hundegebell kann mächtig nerven

Anton hat auf seinem Grundstück einen Zwinger errichtet, er hält und züchtet Hunde, die natürlich auch laut bellen. Das Grundstück, auf dem der Zwinger steht, befindet sich in einem Tal, sodass das Gebell der Hunde dadurch noch verstärkt wird. Mehrere Dorfbewohner haben sich zuerst bei ihm über häufiges und langes Hundegebell beschwert. Da Anton aber nicht bereit ist, Abhilfe zu schaffen – er ist der Ansicht, Hunde bellen nun mal einfach –, haben sich die Dorfbewohner an die zuständige Ordnungsbehörde, in diesem Fall das Landratsamt, gewandt und um Abhilfe gebeten.

Die zuständige Behörde ordnet daraufhin an, dass die Vierbeiner während der Nachtruhe zwischen 22.00 und 6.00 Uhr überhaupt nicht bellen dürfen und tagsüber höchstens 60 Minuten.

Der Halter zieht gegen die Behörde vor Gericht, weil er der Meinung ist, dass dieses Verbot unzulässig sei.

Was ist die beste Lösung? Es ist nicht nur eine Frage der Zulässigkeit des Gebells, sondern der Durchführbarkeit. Wie kann einem Hund das Bellen verboten werden? Ein Weg in die Lösung ist also, mit dem Zwingerbesitzer nach Wegen zu suchen, die er bewältigen kann. Es ist die Herangehensweise der Mediation, die erst eine Lösung sucht, nachdem die Interessen ausgelotet wurden. Auch wenn der Zwingerbesitzer in dem Hundegebell einen Ausdruck der Lebensfreude erkennt, wird es doch möglich sein, ihm zu verdeutlichen, dass die Lebensfreude des einen zur Belästigung des Anderen werden kann. Sobald diese Einsicht bekundet wurde, wird ein Gespräch darüber erfolgreich sein.

Gesetz und Recht: Lang anhaltendes und häufiges Bellen mehrerer Hunde in einem Zwinger stellt tagsüber und nachts eine erhebliche Lärmbelästigung dar, die Nachbarn nicht hinnehmen müssen. Dies entschied das Oberverwaltungsgericht Sachsen (Az. 3 B 87/17).

Das Oberverwaltungsgericht befand auch, die Anordnung der Behörde sei rechtmäßig. Denn diese habe nicht jegliches Hundegebell untersagt, sondern nur das belästigende, ausdauernde und häufige Bellen. Kurzzeitiges, gelegentliches Gebell sei dagegen keine Belästigung, sondern eine sozial adäquate Geräuschkulisse, die Nachbarn hinnehmen müssten.

Wie geht es weiter? Anton muss dafür sorgen, dass das lang andauernde und dadurch belästigende Bellen unterbleibt. Dabei muss er natürlich die Tierschutzvorschriften beachten.

Der doppelte Spielturm

Anna ist Eigentümerin eines mit einem Wohnhaus bebauten Grundstücks, das an einer Längsseite an das ebenfalls mit einem Wohnhaus bebaute Grundstück von Ivo angrenzt. Ivo hat unmittelbar an der Grenze eine lange Garage, daran anschließend ein etwa 1,30 Meter bis 1,40 Meter breites und wegen der Dachschräge 3,10 Meter bis 3,50 Meter hohes Holzgerüst zur Lagerung von Brennholz, ein Gartenhaus und einen Spielturm aus Holz mit einer etwa in 1,80 Meter bis 2,00 Meter Höhe angebrachten Plattform errichtet, die über eine Sprossenleiter erreicht werden kann. Darunter

Turm mit Aussicht
Ein Spielturm ist für Kinder toll, kann aber für Nachbarn der Auslöser für Beschwerden werden. Wo darf ein Spielturm stehen?

befinden sich ein Sandkasten, eine Schaukel und auf zwei Seiten Sitzbänke für Kinder. Alles ist mit einer Bretterwand zur Grenze von Annas Grundstück hin abgeschirmt.

Annas und Ivos Grundstücke liegen in Geltungsbereichen unterschiedlicher Bebauungspläne.

An der anderen Seite des Grundstücks von Anna grenzt das Grundstück der Familie Dali an, das mit einem Wohnhaus bebaut ist. In dem Bebauungsplan sind untergeordnete Nebenanlagen und Einrichtungen, die größer sind als 4 Quadratmeter, nur innerhalb der überbaubaren Grundstücksflächen zulässig. Herr Dali errichtete im hinteren Grundstücksbereich auch einen Spielturm aus einem etwa 1,50 Meter hohen Holzgestell und einem darauf aufliegenden Holzhäuschen mit einer kindergroßen Öffnung, die nicht in die Richtung von Annas Grundstück zeigt. Der Spielturm hat eine Grundfläche von 1,25 Meter × 2,80 Meter = 3,50 Quadratmeter. Er verfügt über mehrere Spieleinrichtungen sowie einen knapp 3 Meter langen Holzbalken mit Schaukel, der auf einem fest im Boden verankerten Holzgestänge aufliegt.

Der Spielturm grenzt mit einem Abstand von 1,50 Meter an das Grundstück von Anna. Anna hat unmittelbar auf der Grenze in diesem Bereich einen etwa 2 Meter hohen Sichtschutzzaun aus Holz errichtet.

Anna will in beiden Fällen die Bebauungen entlang ihrer Grundstücksgrenzen beseitigt haben und hat gegen beide Nachbarn Klage auf Beseitigung der Spieltürme erhoben.

Wie lässt sich der Fall am besten lösen? Dieser Streit mit Ivo hat eine Vorgeschichte: Bevor es zu der Errichtung der vielen Holzgerüste entlang der Grundstücksgrenze kam, hat der eine Nachbar Ivo durch Abgrabungen und sonstige Bauarbeiten entlang der Grenze den Boden so vertieft, dass der zuvor zwischen den Grundstücken errichtete Maschendrahtzaun keinen Halt mehr hatte und auch die Pflasterung der Einfahrt zu einer Garage sich gelockert hat.

Anschreiben und Aufforderungen von Anna an Ivo, die Abgrabungen zu unterlassen, wurden ignoriert. Ein diesbezüglich bereits beim Zivilgericht eingeleitetes Klageverfahren endete mit einem Vergleich, wonach insbesondere Ivo den Zaun und die Pflasterung wieder herstellen musste. Erst danach ging Ivo dazu über, die Holzbauten zu errichten.

Beide Gerichtsverfahren hätten sich ebenso wie das Verfahren mit dem anderen Nachbarn Dali durch entsprechende Anfragen bei Anna, ob Bedenken gegen die Errichtung der Spieltürme bestehen, eventuell verhindern lassen können. Dann hätten die Nachbarn Annas Einwände gegen die Errichtung der Spieltürme von vornherein berücksichtigen und abmildern und das Nachbarschaftsverhältnis stabilisieren können.

Gesetz und Recht: Die einschlägigen Landesbauordnungen, die hier zur Anwendung kommen, bestimmen zunächst, dass Abstandsflächen von Gebäuden freizuhalten sind. Nur ausnahmsweise, insbesondere dann, wenn von den auf den Abstandsflächen errichteten Anlagen keine Gefahr ausgeht, können dort bauliche Anlagen errichtet werden.

Die Abgrenzung hier ist im konkreten Einzelfall stets schwierig und problematisch. Auch müsste geklärt werden, inwieweit Nebengebäude und Ähnliches bereits aufgrund der Festsetzungen eines Bebauungsplans unzulässig sind.

Wie geht es weiter? In dem einen oder anderen Fall kann letztlich auch eine gerichtliche Entscheidung das gemeinsame Miteinander und Nebeneinander wieder befrieden, wenn die Entscheidung zum Anlass genommen wird, im Nachhinein über zukünftige Konflikte miteinander ins Gespräch zu kommen.

Der schöne Ausblick verbaut?

Der Segelverein Sturmwind ist Eigentümer eines Grundstücks, das, direkt an einem großen See gelegen, mit einem viergeschossigen Vereinshaus sowie Wassersportanlagen bebaut ist und für Vereinszwecke genutzt wird.

Investor Klotzen ist Eigentümer des etwa 6500 Quadratmeter großen Nachbargrundstücks, das ebenfalls unmittelbar an den See grenzt und auf dem sich ursprünglich eine 1870 erbaute Villa befand, die etwa 1970 durch ein Gebäude mit vier Vollgeschossen und einem Kellergeschoss ersetzt worden ist, das zunächst zu Wohnzwecken, dann als Beherbergungsbetrieb und schließlich wieder zu Wohnzwecken genutzt wurde.

Beide Grundstücke liegen im Geltungsbereich des Bebauungsplans aus dem Jahr 1959, geändert im Jahr 1971, der das Gebiet als Sonderzweckfläche für den Wassersport ausweist. In den Planbestimmungen sind für diese Sonderzweckfläche unter anderem als Maß der baulichen Nutzung eine größte Baumasse von 1,0 Kubikmeter umbauten Raumes je Quadratmeter Baugrundstück, eine offene Bauweise und als zulässige Geschosszahl zwei Vollgeschosse festgesetzt.

Klotzen beabsichtigt, auf seinem Grundstück ein Wohnhaus mit Gewerbeanteil und Tiefgarage zu errichten. Das geplante Gebäude soll insgesamt sieben Geschosse aufweisen mit einer maximalen Gebäudehöhe von 27,30 Meter und einer Baumasse von 4,30 Kubikmeter pro Quadratmeter Baufläche. Das Bauamt erteilt Herrn Klotzen einen Bauvorbescheid und kündigte darin die Zustimmung zu Befreiungen insbesondere von den Festsetzungen des Bebauungsplans in Bezug auf das Maß der baulichen Nutzungen an.

Der Segelverein Sturmwind ist damit nicht einverstanden und geht gegen den Vorbescheid vor, soweit darin Befreiungen der zulässigen Zahl der Vollgeschosse und der zulässigen Baumassenzahl von 1,0 angekündigt wurden.

Gesetz und Recht: Ein Bebauungsplan, der als Satzung beschlossen wurde, enthält Normen, an die sich alle Eigentümer der im Geltungsbereich gelegenen Grundstücke halten müssen. Derartige Normen sind bindend und bestimmen Inhalt und Schranken des Eigentums, sodass grundsätzlich jeder gleichermaßen berechtigt und betroffen ist. Das bedeutet, dass sich jeder an die Festsetzungen halten muss, auch die Genehmigungsbehörde, die beabsichtigt, von den Festsetzungen über den Umfang der Bebauung in gravierender Weise Befreiung zu erteilen.

Ob sich der einzelne Eigentümer, der mit den anderen Eigentümern eine Schicksalsgemeinschaft bildet, gegen gravierende Abweichungen von Festsetzungen wehren kann, muss im Zweifel durch Auslegung der Festsetzung, die verletzt sein soll, festgestellt werden. Während Festsetzungen über die Gebiets- und damit über die Nutzungsart alle Planbetroffenen gleichermaßen vor Abweichungen und Änderungen schützen, kommt es bei Festsetzung zum Umfang der einzelnen Vorhaben darauf an, ob die Gemeinde diese Festsetzung gerade auch zum Schutze der sonstigen Planbetroffenen beschlossen hat.

Wie geht es weiter? Der Verein konnte die massiven Überschreitungen der Festsetzungen der Zahl der Vollgeschosse wie auch der Baumassenzahl im Bebauungsplan geltend machen, auch soweit der Verein selbst die Zahl der Vollgeschosse leicht überschritten hat.

Zwar ist in dem Bebauungsplan nirgends der Wille der Gemeinde erkennbar, dass die Maßfestsetzungen auch zugunsten des Nachbarn, insbesondere also zugunsten vom Segelverein Sturmwind, erfolgten. Jedoch ergibt sich aus dem Planungskonzept und der dadurch begründeten Schicksalsgemeinschaft, dass der Festsetzung über die Vollgeschosse und die Baumassenzahl auch eine Schutzfunktion zugunsten der übrigen Planbetroffenen, also auch für den Verein Sturmwind, zukommt. Der vom Bezirksamt erteilte Bauvorbescheid für den beantragten Neubau war damit nicht mehr gültig.

Lärm durch das Volksfest

Herr Feucht besitzt zwei Grundstücke, wovon das eine mit einem Wohnhaus, das andere mit einem Ladengeschäft bebaut ist. Beide Grundstücke werden im Westen durch eine Straße begrenzt. Im Osten steht die Dorfkirche. Frau Zank ist Eigentümerin des südlich davon gelegenen Grundstücks, das mit ihrem Wohnhaus bebaut ist.

In der Gemeinde findet jährlich Anfang Mai ein Weinfest statt. Am ersten Septemberwochenende veranstaltet die Gemeinde auch jährlich ihre „Woi- und Quetschekuche-Kerwe". Während der beiden Veranstaltungen werden auf der etwa 850 Meter langen „Kerwemeile" an verschiedenen Plätzen Musik und Spezialitäten angeboten.

Herr Feucht beteiligt sich an den beiden Festen mit einer Bewirtung auf seinen Grundstücken mit mehreren Bierzeltgarnituren, vereinzelten Stehtischen und der Ausschankstelle. Er bringt auch Lautsprecher an, die vom Wohnhaus der Frau Zank etwa 35 Meter entfernt sind.

Für das Weinfest im Mai 2015 erteilte die Gemeinde Herrn Feucht neben der Gestattung eines vorübergehenden Gaststättenbetriebs nach dem Gaststättengesetz (GastG) auch eine immissionsschutzrechtliche Ausnahmegenehmigung für das Abspielen von CD-Musik sowie Live-Musik bis maximal 24.00 Uhr. Gestattet wurde die Benutzung von Lautsprechern, Tonwiedergabegeräten und ähnlichen Geräten.

Da sich Frau Zank in der Vergangenheit bei der Gemeinde bereits mehrfach über von der Ausschankstelle des Herrn Feucht ausgehende starke Lärmbelästigungen beschwert hatte, vereinbarte die Gemeinde mit Frau Zank die Durchführung von Lärmmessungen während des Weinfests. Diese ergaben am Anwesen von Frau Zank an unterschiedlichen Tagen und Zeiten Werte zwischen 59 dB(A) und 67 dB(A).

Mit neuem Bescheid erteilt die Gemeinde Herrn Feucht anlässlich des Weinfests im Rahmen der Gestattung eines vorübergehenden Gaststättenbetriebs die Erlaubnis, bis auf Widerruf alkoholische Getränke auf dem Platz vor der Kirche zu verabreichen. Die Erlaubnis hat die Auflage, die Außenbewirtschaftung nachts um 1.00 Uhr beziehungsweise um 2.00 Uhr zu beenden. Ab 22.00 Uhr – Beginn der Nachtruhe – muss darauf geachtet werden, dass sich die Gäste besonders ruhig verhalten.

Zur Begründung führt die Gemeinde aus, die „Woi- und Quetschekuchekerwe" sei von besonderer kommunaler Bedeutung und durch den örtlichen Bezug sowie die Standortgebundenheit und zahlenmäßig eng begrenzte Durchführung solcher Ereignisse als seltene Veranstaltung privilegiert.

Frau Zank sieht sich in ihrer Ruhe und ihrem Schlaf gestört und wendet sich gegen die erteilte gaststättenrechtliche und immissionsschutzrechtliche Ausnahmegenehmigungen.

Gesetz und Recht: Nach dem Gaststättengesetz (GastG) kann die Behörde zunächst eine vorübergehende gaststättenrechtliche Gestattung und nach dem Landesimmissionsschutzgesetz eine Ausnahmegenehmigung erteilen. Entscheidend ist, ob Frau Zank dadurch materiell-rechtlich beschwert ist. Die Ausnahmegenehmigung erfordert eine Abwägung der widerstreitenden Interessen der Teilnehmer am Volksfest und der betroffenen Nachbarin, die sich auf die Regelungen des Landesimmissionsschutzgesetzes in Verbindung mit der Technischen Anleitung zum Schutz gegen Lärm (TA Lärm) berufen kann. Die TA Lärm gestattet für seltene Ausnahmefälle Abweichungen von den festgelegten gebietsverträglichen Lärmbelastungen. In der Sache selbst war eine Abwägung zwischen dem Interesse der Bürger an dem traditionellen Volksfest für wenige Tage im Jahr und dem Ruhebedürfnis der Anwohnerin vorzunehmen.

Hier war das Volksfest bereits zu Ende, als die Entscheidung erging. Da eine Wiederholung im nächsten Jahr droht, besteht daher die Möglichkeit, nach Erledigung des Verfahrens durch das Gericht eine Feststellung treffen zu lassen, was für die Zukunft gelten muss (Fortsetzungsfeststellungsklage).

Wie geht es weiter? Hier wird sich zukünftig die Behörde an die Feststellungen des Gerichts halten, da ansonsten eventuell Schadenersatzansprüche drohen.

Der lärmende Weinbrunnen

Ede ist Eigentümer einer Wohnung im Erdgeschoss einer Wohnungsanlage. Diese liegt an einer Grünanlage, an deren westlichen Ende sich eine Empore befindet, die zum mittleren Teil der Grünanlage durch einen Brunnen und zwei Treppen begrenzt wird. Im östlichen Teil der Anlage liegt ein Kinderspielplatz.

Seit 1967 wird jährlich in der Zeit von Mai bis September auf der westlichen Empore ein „Weinbrunnen" als temporär eingerichteter Ausschank zum Verkauf von Wein zur Mitnahme in Flaschen oder zum Verzehr vor Ort betrieben. Die Gemeinde gestattete zuletzt, aus besonderem Anlass den „Weinbrunnen" als eine Schankwirtschaft mit der besonderen Betriebsart „Schankstand" zu betreiben, wobei durch Auflagen bestimmt war, dass der Ausschank und der Verkauf von Getränken um 21.30 Uhr zu beenden und der Aufenthalt von Gästen auf dem Gelände der Schankfläche ab 22.00 Uhr zu unterbinden sei.

Dieser Genehmigung lag eine Lärmberechnung der Beklagten zugrunde, die sich zutreffend auf ein Rundschreiben des Landes bezog. Dabei ging man unter Zugrundelegung der menschlichen Stimme von einem Schallleistungspegel von 70 dB(A) pro Gast und von etwa 50 Prozent der Besucher, die sich gleichzeitig äußern, aus. Unter Zugrundelegung von etwa 600 Gästen wurde an der Wohnung von Ede durch den Betrieb der Schankwirtschaft ein Schallleistungspegel von 54 dB(A) prognostiziert. Der Ausschank ging also unverändert weiter.

Gegen die Gestattung für den Zeitraum von Mai bis September legte Ede bei der Behörde Widerspruch ein, über den allerdings erst am 13. September abschlägig entschieden wurde.

Gesetz und Recht: Ausgangspunkt ist §4 Gaststättengesetz, wonach eine Gaststättenerlaubnis nur erteilt werden darf, wenn schädliche Umwelteinwirkungen im Sinne des Bundesimmissionsschutzgesetzes (BImSchG) nicht zu befürchten sind. Entscheidend kommt es dabei auf die von der Behörde anzustellenden Prognosen und die Zumutbarkeit der Immissionen an. Dabei kommt es auch darauf an, welche Lärmursachen wem zuzurechnen sind.

Der Nachbar kann hier die Verletzung eigener Rechte aus §4 Gaststättengesetz geltend machen. Es ist nicht ausgeschlossen, dass von dem Betrieb schädliche Umwelteinwirkungen ausgehen. Materiell-rechtlich hat er die Möglichkeit, die Richtigkeit der Prognose überprüfen zu lassen.

Zu empfehlen wäre, auch einen Antrag auf vorläufigen Rechtsschutz bei Gericht zu stellen, um zu verhindern, dass die Behörde die Entscheidung verschleppt, wie sie es hier zugunsten des Schankbetriebs getan hat.

Wie geht es weiter? Bei einer erneuten Gestattung des Ausschanks müssen entsprechende Schutzvorkehrungen oder Betriebsauflagen – etwa auch zeitliche Beschränkungen – geprüft werden.

Den Konflikt lösen

„Ich habe keinen Konflikt", behaupten viele, obwohl der Streit von außen betrachtet ganz offensichtlich ist. Emotionen kochen hoch. Man fühlt sich ungerecht behandelt oder hilflos – das löst Wut aus.

„Was bildet der sich ein?" oder „Was denkt der, mit wem er es zu tun hat?" – Das sind die Fragen, die jetzt aufkommen. Man will sich dem Gegner nicht länger unterordnen und das Gefühl der Hilflosigkeit mit einer Machtdemonstration kompensieren. Wenn man sich selbst die Macht nicht zutraut, den anderen zu unterwerfen, bietet es sich an, stellvertretend eine Anwältin oder einen Anwalt „in die Schlacht" zu schicken.

Um uns derartige Fälle genauer anschauen zu können, müssen wir zunächst ein paar Begriffe definieren. So ist schon auf sprachlicher Ebene zwischen einer Auseinandersetzung, einem Streit und einem Konflikt zu unterscheiden:

- **Die Auseinandersetzung** ist der Austausch über ein Problem. Ohne sich und die gegnerische Streitpartei mit dem Problem zu konfrontieren, lässt es sich kaum lösen. Die Auseinandersetzung mit dem Gegner erfolgt in Gesprächen. Das sachliche, von Emotionen befreite Verhandeln ist die beste Form der Streitbeilegung. Zugegebenermaßen setzt sie eine Einsichtsbereitschaft und -fähigkeit voraus, die bei manchen Nachbarn nicht ohne Weiteres unterstellt werden kann.

- **Beim Streit** kommen emotionale Komponenten hinzu. Die Auseinandersetzung entwickelt sich zu einem hitzigen Wortgefecht, bei dem es sogar zu Handgreiflichkeiten kommen kann.
- **Für den Konflikt** gibt es kein Verb. Mithin beschreibt der Konflikt nicht die Ausprägung, sondern die Ursache oder den Hintergrund für den Streit. Ein Konflikt kann zu einem Streit führen, so wie sich aus einem Streit ein Konflikt entwickeln kann. Die den Konflikt kennzeichnenden, widerstreitenden Auffassungen bilden einen Widerspruch, der seinen Ausdruck in dem zu lösenden Problem findet.

→ Das Wort Konflikt

stammt vom Lateinischen „conflictus" ab und bedeutet Zusammenstoß. Es beschreibt ein Aufeinanderprallen widerstreitender Auffassungen oder Interessen, aus dem sich eine schwierige Situation ableitet, die zum Zerwürfnis führen kann.

Das Problem definiert also die zu lösenden Sachfragen. Der Konflikt ist Hintergrund oder Folge. Er drückt sich meist in den damit einhergehenden Emotionen aus und hat oft mit der Art und Weise zu tun, wie die Nachbarn ihre Beziehung einschätzen. Basiert die Beziehung auf unterschiedlichen Sichtweisen oder wird sie unterschiedlich eingeschätzt, entstehen Spannungen, die sich in einem Konflikt ausleben können.

Es liegt auf der Hand, dass die Auseinandersetzung, also die Verhandlung, stets die optimale Form der Problemlösung darstellt. Die Auseinandersetzung garantiert eine sachgerechte Abwicklung jenseits von Gefühlen und Emotionen.

Sobald Emotionen hinzukommen, treten jenseits der Sachfragen liegende Motive in den Vordergrund. Wie damit umzugehen ist, soll im folgenden Kapitel dargestellt werden. Bevor es dazu kommt, sollte man immer zunächst in sich gehen und sich fragen, ob das Problem überhaupt eine Herausforderung ist, der man sich zu stellen hat.

Habe ich überhaupt einen Konflikt?

Die Betonung der Frage liegt auf dem Wort „ich". Der Andere ist zweifellos der Konfliktveranlasser. Die Gefühle entstehen aber in mir selbst. Wer hat also jetzt den Konflikt?

Die Frage nach dem Konflikt ist nicht immer leicht zu beantworten. Immerhin leben Nachbarn in einer sozialen Beziehung. Soziale Beziehungen sind solche, die einen dauerhaften Rahmen haben und nicht zufällig sind, wie etwa die von Passanten in einer Fußgängerzone.

Wenn hier von Beziehungen die Rede ist, bedeutet das nicht, dass es intakte und gute Beziehungen sein müssen. Auch Nachbarn, die nichts miteinander zu tun haben, befinden sich in einer Beziehung. Markant bei sozialen Beziehungen ist stets, dass die Beziehungspartner voneinander lernen. Mit der Zeit kann man den Nachbarn einschätzen. Auch Streitparteien gehen eine soziale Beziehung miteinander ein, bei der sie die jeweilige Gegenseite einzuschätzen lernen und sich auf das Streitverhalten einstellen. Machen Sie sich also bitte bewusst, dass Sie immer auch ein Teil des Spiels sind. Denn so, wie Sie den Nachbarn einschätzen, kann der Nachbar das auch. Jede Aktion ruft eine Reaktion hervor, und Ihre Reaktion könnte aus Sicht des Nachbarn die Aktion sein, die wiederum seine Reaktion veranlasst.

Gar nicht auf Störungen zu reagieren, ist auch eine Reaktion. Aber was bedeutet sie? Ganz nach dem Grundsatz „Es gibt keine Nichtkommunikation", wird Ihr Nachbar Ihr Verhalten interpretieren. Möglicherweise fühlt er sich dadurch in seinem eigenen Verhalten bestätigt. Ganz nach dem Motto: „Wer nicht widerspricht, stimmt zu!"

Gar nicht auf Störungen zu reagieren, ist auch eine Reaktion.

Es steht zu befürchten, dass er sich dadurch in der Zukunft zu weiteren Übergriffen ermächtigt fühlt. Aber wer weiß das schon? Deutlich wird, dass es sich um eine klärungsbedürftige Situation handelt. So wie die Grundstücksgrenzen geklärt sein sollten, müssen auch die persönlichen Grenzen geklärt sein. Und nicht nur das.

Aber eines nach dem anderen. Achten Sie immer zuerst auf sich selbst, bevor Sie dem Nachbarn zu viel Aufmerksamkeit widmen.

Im Konfliktfall sollten Sie stets folgende Fragen klären, bevor Sie irgendetwas unternehmen:

1. **Habe ich ein Problem?**
   Ohne Problem besteht kein Handlungsdruck. Um die passende Reaktion zu finden und kreative Lösungen zu ermöglichen, muss man sich darüber klar werden, was genau das Problem (die zu entscheidende Frage) ist und warum es eine ganz bestimmte Wirkung auf einen selbst hat. Die Betonung liegt auf dem Wort „genau". Kommen Gefühle hinzu, sollten sie von den Sachfragen getrennt werden. Ist das Problem gefunden, sollte die nächste Frage lauten, warum das nicht gelöste Problem bei Ihnen selbst Emotionen auslöst. Die Emotionen geben einen Hinweis auf den eigentlichen Konflikt.
2. **Muss ich das Problem überhaupt lösen?**
   Auch diese Frage legt eine Unterscheidung zwischen Sachfragen und den damit verbundenen Emotionen nahe. Der Fokus richtet sich auf den Nutzen. Der Blick wird hinter das Problem gelenkt. Sie erkennen den Nutzen, indem Sie sich fragen, was anders ist, wenn das Problem gelöst ist. Was genau ist der Vorteil und was brauchen Sie, um diesen Vorteil zu erlangen?
3. **Wie löse ich das Problem?**
   Diese Frage ergibt sich aus dem Bedarf, der sich wiederum an dem zu erzielenden Nutzen orientiert. Wenn es um Sachfragen oder Fakten geht, ist lediglich zu klären, wer die Fakten wie klären kann. Geht es um Emotionen, sollten Sie sich fragen, was die Emotionen Ihnen sagen wollen und was der Nachbar gegebenenfalls überhaupt tun kann, damit Sie sich von den schlechten Emotionen befreien können.
4. **Welche Auswirkungen könnten sich daraus ergeben?**
   Wenn Sie an den nächsten Schritt oder gar an eine Lösung des Problems denken, sollten Sie die mögliche Reaktion des Nachbarn einschätzen. Um das Verhalten korrekt einschätzen zu können, spielen die Motive eine wichtige Rolle. Darauf und wie die Motive zu erhellen sind, wird noch im Einzelnen eingegangen werden (Kapitel "Was ist Mediation?"). Dasselbe gilt für die Wahrnehmung. Auch sie bedarf ja der kritischen Hinterfragung (siehe Seite 42).
5. **Wer kann mir bei der Lösung helfen?**
   Wenn Sie zu dem Ergebnis kommen, dass Sie auf fremde Hilfe angewiesen sind, stellt sich die Frage nach dem möglichen Dienstleister. Unglücklicherweise müssen Sie sich zunächst für ein Verfahren (einen Weg) entscheiden, um zu erkennen, welcher Dienstleister oder welche Dienstleistung am besten geeignet ist, um Ihnen die erforderliche Hilfe zur Verfügung zu stellen.

Der Umgang mit Konflikten

Alle Formen des Miteinanderumgehens setzen sich mit einem Problem auseinander und dienen dazu, einen Widerspruch zu überwinden.

Eine gängige Definition beschreibt den Konflikt als ein Aufeinanderprallen widerstreitender Auffassungen oder Interessen, aus dem sich eine schwierige Situation ableitet, die zum Zerwürfnis führen kann.

Der Konflikt kann als Ursache oder Folge eines Streites gesehen werden. Markant ist, dass die Sprache für den Streit ein Verb kennt, für den Konflikt jedoch nicht. Der Streit wird als eine heftige Auseinandersetzung beschrieben, die auch in Handgreiflichkeiten münden kann.

Die Bedeutung von Emotionen

Konflikt wie Streit weisen emotionale Komponenten auf, die das Verhalten letztlich bestimmen. Emotionen sind wichtig und hilfreich. Richtig verstanden, sind sie der Wegweiser durchs Leben. Sie haben allerdings einen entscheidenden Nachteil: Emotionen erschweren rationales Denken. Unser Gehirn ist so konzipiert, dass der Verstand (nahezu) ausgeschaltet wird, je größer die Emotionen sind. Das gilt im Positiven (Verliebtheit) genauso wie im Negativen (Hass). Eine sinnvolle Konfliktstrategie besteht deshalb darin, die Emotionen zu bändigen.

In der Mediation gilt der Grundsatz: Emotionen sind nicht verhandelbare Tatsachen.

Was heißt das? Gefühle können weder erzwungen noch hinwegargumentiert werden. Es hat auch keinen Sinn, Emotionen zu rechtfertigen. Erklären ja, aber was hilft ihre Begründung? Die Gefühle ändern sich dadurch nicht.

Emotionen sind nicht verhandelbare Tatsachen.

Angenommen, Sie verspüren die Wut des Nachbarn. Glauben Sie, er wird weniger wütend sein, wenn Sie ihm erklären, dass er damit aufhören soll oder wenn Sie ihm sagen, dass seine Wut nicht berechtigt sei? Im schlimmsten Fall machen Sie ihn damit nur noch wütender.

Emotionen wollen etwas sagen. Grundsätzlich sagen schlechte Gefühle: „Vorsicht! Hier ist etwas nicht in Ordnung!“ Gute Gefühle sagen: „Hier bietet sich ein Weg an!“ Aber wie gesagt, Gefühle können nicht denken und schon gar nicht in die Zukunft.

Der innere Gegner
Ein Sieg über einen schwierigen Spielgegner auf dem Platz ist immer auch ein mentaler Sieg über die eigenen negativen Gefühle.

Das Ausleben von Rachegefühlen beispielsweise verursacht möglicherweise zunächst ein gutes Gefühl der Befriedigung und der Selbstbestätigung. Es führt aber gegebenenfalls zu Konsequenzen, die sich dann gar nicht mehr gut anfühlen. Um die Gefühle korrekt zu verstehen, müssen Sie sich mit Ihrer eigenen Betroffenheit auseinandersetzen.

Der erste Schritt dazu, mit eigenen oder anderen Emotionen klarzukommen ist, sie so zu akzeptieren, wie sie sind. Die Voraussetzung dafür ist, sich die Gefühle einzugestehen und dazu zu stehen. Dann hilft es, die Gefühle anzusprechen. Keinesfalls sollten sie schöngeredet werden. Gefühle haben einen Sinn. Sie wollen uns zeigen, was wir brauchen. So wie uns der Hunger dazu bringt, Nahrung aufzunehmen, zeigen uns auch Gefühle wie Wut und Hass, was wir brauchen. Wenn der Hinweis verstanden ist, müssen sich die Gefühle nicht mehr zeigen.

Das bedeutet im Umkehrschluss, dass sich die Gefühle umso mehr zeigen müssen, je weniger sie wahrgenommen und verstanden werden. Auch der emotional wirkende Konflikt ist nichts anderes als der Hinweis, dass da etwas nicht stimmt und dass etwas wieder in eine Balance zu bringen ist.

Die eigene Betroffenheit

Wenn ein Konflikt emotional verstanden wird, lässt er sich meistens schon allein dadurch entschärfen. Denken Sie an das Märchen „Rumpelstilzchen“: Der boshafte Zwerg verschwindet in dem Moment, in dem sein wahrer Name genannt wird. So kann sich auch ein Konflikt auflösen, wenn seine wahre Natur erkannt und benannt wird.

Was aber ist der wahre Name des Konflikts? Ganz sicher nicht: „Du machst mir die Nachbarschaft unerträglich.“ Zugegeben, der Konflikt verleitet dazu, so zu denken. Damit führt er jedoch bewusst in die Irre.

Es ist ein Konfliktmerkmal, Symptome zu zeigen, die von dem Konflikt ablenken. Der Konflikt will sich zeigen und er will sich erhalten. Statt auf die Symptome zu reagieren, sollten seine Botschaften gehört werden. Der Konflikt sagt etwas über die Person, die den Konflikt spürt. Den Konflikt im Anderen zu suchen, ist deshalb die falsche Strategie. Die Gefühle gehören nur Ihnen.

Wenn der Nachbar etwas unternimmt, das Sie ärgert oder wütend macht, haben Sie selbst den Ärger oder die Wut und nicht der Nachbar. Es hat also wenig Sinn, die Ursache für Ihre Emotionen beim Nachbarn zu suchen. Der mag den Anlass gegeben haben. Er wird aber kaum in der Lage sein, Ihren Ärger abzustellen. Er kann vielleicht die Ursache beseitigen, ob Ihnen das aber den Ärger nimmt, unterliegt nicht seinem Einfluss.

„Jeder ist für seine Gefühle selbst verantwortlich.

Die gute Seite eines Konflikts ist, dass er auch eine Chance vermittelt und für den, der genau hinsieht, einen Anhaltspunkt für die Lösung bereithält. Die Lösung finden Sie in sich. Fragen Sie sich: „Warum macht mich das Verhalten des Nachbarn so wütend?" Oder: „Warum muss ich mich so aufregen?"

Wie lautet Ihre ehrliche Antwort auf diese Fragen? „Weil ich mich hilflos fühle", „weil ich mich nicht beachtet fühle", „weil ich nicht weiß, wie damit umzugehen ist", „weil ich mich ungerecht behandelt fühle"?

Stellen Sie sich vor, Sie hätten dasselbe Problem, wären aber befreit von diesen Gefühlen? Was wäre dann anders? Sicherlich könnten Sie sich ungehindert auf das Problem konzentrieren und nach Lösungen suchen, wie es aus der Welt zu schaffen ist. Sie könnten sich dem Problem stellen, ohne irgendwem beweisen zu müssen, wie stark Sie sind. Wer sich stark fühlt, muss es niemandem beweisen.

Der Konflikt ist also stets ein „Inner Game", also eine Auseinandersetzung mit sich selbst. Der Begriff wurde von dem Sportpädagogen Timothy Gallwey geprägt. Er weist darauf hin, dass ein Spiel nicht nur aus den äußeren, sichtbaren Vorgängen und den Interaktionen mit dem Gegner besteht. Zum Spiel gehört auch ein unsichtbarer innerer Prozess. Gallwey hatte festgestellt, dass vermeidbare Selbstbeschränkungen wie Anspannung, Selbstzweifel, Selbstkritik, Versagensängste und Minderwertigkeitskomplexe einen großen Einfluss auf die Leistungsfähigkeit im Sport und damit auch auf das Ergebnis haben. Das Gleiche gilt bei der Konfliktbewältigung. Das durch den Konflikt ausgelöste Gefühl sagt Ihnen, woran Sie zu arbeiten haben.

Wahrnehmung und Kommunikation

Es wird deutlich, dass der Konflikt viel mit der Wahrnehmung von sich und dem Gegner zu tun hat. Machen Sie sich klar, dass die bestimmenden Sinnesorgane des Menschen auf Außenwahrnehmung gerichtet sind. Es liegt also nahe, die Ursache allen Übels in der Außenwelt zu suchen. So wird auch zunächst der Andere für den eigenen Konflikt verantwortlich gemacht: „Mir geht es schlecht, weil der Nachbar sich nicht an die Spielregeln hält." Logisch fortgeführt wird dieser Gedanke in die Forderung münden, dass der Nachbar sein Verhalten ändern muss, damit man sich selbst besser fühlt. Kann das funktionieren? Macht man sich mit dieser Forderung nicht sogar von anderen abhängig?

Doch auch die Sinnesorgane des Nachbarn sind auf die Außenwahrnehmung gerichtet, sodass er wahrscheinlich das Gleiche über Sie denkt. Und jeder fühlt sich im Recht.

Die eigenen Gefühle im Griff zu haben, ist der Garant für Unabhängigkeit und Stärke.

Es ist nicht nur ein Phänomen der Wahrnehmung, sondern auch des Denkens, dass zwei Menschen dieselbe Angelegenheit völlig unterschiedlich bewerten, sodass sich jeder im Recht fühlt.

Der Kommunikationswissenschaftler Paul Watzlawick hat „die Wahrheit" deshalb in die Wirklichkeit ersten und zweiten Grades unterteilt. Er ist ein Anhänger des Konstruktivismus, der davon ausgeht, dass die Wirklichkeit nur ein gedankliches Konstrukt sei, das bei jedem Menschen anders ausgestaltet sein kann. Die Wirklichkeit ersten Grades ist für ihn die verbindliche Wahrheit. Sie basiert auf Fakten, die messbar sind, oder auf Bewertungen, auf die man sich verständigt hat.

Die Wirklichkeit zweiten Grades sind die Bedeutungszuschreibungen. Sie sind im höchsten Maße individuell und weichen meist unerkannt von den Wahrheiten des Gegenübers ab. Nehmen Sie den Begriff „Nachbarschaft". Sind Sie sicher, dass Sie darunter das Gleiche verstehen wie Ihr Nachbar? Sie fühlen sich von dem Nachbarn respektlos behandelt, während Sie Ihr eigenes Verhalten als respektvoll bewerten? Sind Sie sicher, dass Ihr Nachbar das auch so sieht?

In der Konsequenz bedeutet diese Überlegung, dass man die Wirklichkeit zweiten Grades erst abstimmen muss, ehe man sie als eine Wahrheit behandelt. Ein Weg, sich der Wahrheit zu nähern, ist deshalb die Unterscheidung zwischen Fakten, Meinungen und Emotionen. Bereits diese Differenzierung verdeutlicht, wann und worüber es sich zu streiten lohnt.

1. **Fakten:** Fakten sind Sachverhalte der Wirklichkeit ersten Grades, die messbar und beweisbar sind. Es lohnt sich also nicht, darüber zu streiten. Wenn Fakten strittig sind, genügt es, sich darüber zu verständigen, wie sie belegt werden können.
2. **Meinungen:** Meinungen sind die Bewertung von Fakten und Bedeutungszuschreibungen. „Du bist ein Verräter" ist zunächst lediglich eine Meinung. Was sind die Fakten, die diese Interpretation erlauben?
Vorsicht ist geboten, weil Meinungen oft als Fakten verkauft werden. Sagen Sie zum Beispiel zu Ihrem Nachbarn: „Dein Hund ist hässlich", kann er das nicht stehen lassen. Es handelt sich um eine Meinung, die wie ein Fakt behauptet wird. Sagen Sie hingegen: „Ich finde deinen Hund hässlich", bekennen Sie sich zu einer Meinung, die der Nachbar ohne Weiteres so stehen lassen kann. Sie sind individuell und dürfen von den Meinungen anderer abweichen. Auffällig wird es, wenn eine Person unbedingt will, dass die andere Person die gleiche Meinung vertritt. Warum ist es Ihnen wichtig, dass Ihr Nachbar Ihre Meinung einsieht und teilt, dass er sich respektlos Ihnen gegenüber verhält? Sicherlich möchten Sie erreichen, dass er sein Verhalten ändert. Wenn Sie ihm vorwerfen, dass er respektlos sei, wird er sich wahrscheinlich dagegen wehren und behaupten, dass Sie selbst sich respektlos verhalten. Wäre es nicht einfacher, ihn zu bitten, Ihnen den Gefallen zu tun, dass er sein Verhalten ändert? Ein Mediator wird immer hellhörig, wenn er bemerkt, dass eine Partei darauf besteht, dass die andere Partei die behauptete Meinung teilt. Meist verbirgt sich dahinter ein Interesse, das für den Mediator der Schlüssel für die Lösung ist.
3. **Emotionen:** Emotionen sind in der Mediation nicht verhandelbare Tatsachen. Es besteht kein Grund, seine eigenen Emotionen zu rechtfertigen oder die Emotion des Anderen zu verbieten. Beides wird an den Emotionen kaum etwas ändern. Deshalb liegt es nahe, die Emotionen so zu akzeptieren, wie sie sind, und zu versuchen zu verstehen, was die Emotionen sagen wollen. Hat man die Emotionen korrekt verstanden, bildet der positive Kontrast dazu meist die Richtung, in die zu gehen ist. Wenn die Emotion Angst ist, könnte der Kontrast Sicherheit sein. Es lohnt sich also nicht, die Angst zu thematisieren, sondern es lohnt sich, nach Sicherheit zu suchen.
Der Mensch fühlt sich nicht akzeptiert, wenn seine Gefühle bestritten werden. Versetzen Sie sich selber in die Situation , dass Sie sich richtig krank fühlen, und Ihr Gegenüber wirft Ihnen als erstes vor, dass Sie die Krankheit nur vor-

Checkliste

Tipps zur Kommunikation mit dem Nachbarn

- ☐ Streiten Sie nicht, wenn Sie gerade schlechte Gefühle haben. Vertagen Sie das Gespräch einfach. Schlechte Gefühle können keine guten Gedanken erzeugen.
- ☐ Machen Sie deutlich, welchen Zweck Sie in einem Gespräch verfolgen. Beispiel: „Mir kommt es darauf an, dass wir gut miteinander klarkommen."
- ☐ Überhäufen Sie Ihr Gegenüber nicht mit Gedanken. Machen Sie nach jedem Gedanken eine kurze Pause, damit sich der Gedanke setzen kann. Noch besser ist es, wenn Sie den Gedanken abstimmen und dann darauf den nächsten Gedanken aufsetzen.
- ☐ Kennzeichnen Sie Meinungen. Widmen Sie eine Meinung, die der Gegner als Fakt formuliert, einfach um: „Du bist der Meinung, dass ...". Sagen Sie Ihre eigenen Motive an, damit die Bedeutung des Gesagten deutlich wird: „Mir ist es wichtig, dass wir auch in Zukunft miteinander auskommen. Deshalb meine ich ...".

täuschen. Würden Sie sich da verstanden fühlen?

Wahrnehmung und Kommunikation sind komplexe Vorgänge, die sich in einem Buch kaum vollständig beschreiben lassen. Sie können sich das aber immer wieder bewusst machen und immer wieder bewusst üben. Auch kleine (Fort-)Schritte werden manchmal ganz unverhofft positive Reaktionen hervorrufen.

Nachbarn aus anderen Kulturkreisen

Noch unterschiedlichere „Realitäten" und „Wahrheiten" zeigen sich oft in Auseinandersetzungen zwischen Angehörigen unterschiedlicher Kulturkreise, die jetzt Tür an Tür oder Haus an Haus zusammenleben. Das Potenzial für Konflikte ist dort durch ganz unterschiedliche Lebensläufe, Sozialisationen und Erfahrungen aus der Vergangenheit deutlich vielfältiger, nicht selten verschärft durch rein sprachliche Barrieren.

Im Berufsleben gibt es extra Trainingsseminare für interkulturelle Kommunikation. Und spezialisierte Trainer helfen bei der interkulturellen Mediation. Im alltäglichen Miteinander geht das Verständnis für die unterschiedlichen Sichtweisen durch Erziehung und soziales Umfeld aber häufig unter. Da werden schnell mal Vorurteile und Klischeevorstellungen hervorgeholt, die eine offene Kommunikation behindern bis verhindern.

Die Erfahrung zeigt letztlich aber immer wieder: Menschen, die sich sympathisch sind, können fast nichts falsch machen. Menschen, die sich nicht mögen, können aber sicher nichts richtig machen.

Denn: Es gibt keine Kulturkonflikte. Es sind die Menschen, die Konflikte haben. Der Kulturkonflikt wird oft nur instrumentalisiert. Wenn beispielsweise ein Deutscher mit kräftigen Aromen kocht, ist das für den Nachbarn vielleicht lästig. Wenn es ein Orientale ist, heißt es womöglich aber nur allzu leicht: „Das ist ja wohl wieder typisch Türke/Araber/Pakistani etc. Die Türken/Araber/Pakistanis etc. sind doch ohnehin alle ...!" – Ein willkommener Anlass, um seinen Vorurteilen Luft zu machen.

Was aber zwischen Menschen aus unterschiedlichen Kulturen die zentralen Probleme sind, sind das gegenseitige Verstehen und die Kommunikation.

In der Ausbildung von professionellen Mediatoren heißt es: Ein interkulturell tätiger Mediator muss naiv sein wie ein kleines Kind, das heißt, nichts mehr spontan zu interpretieren und zu bewerten.

Der Koch nutzt die intensiven Gewürze möglicherweise, ohne sich vorstellen zu können, dass die Dämpfe aus seinen Töpfen und Pfannen jemanden belästigen könnten. Die intensiven Aromen vom Nachbarn mögen einen Deutschen belästigen. Bei einem Türken hingegen mögen sie willkommene Erinnerungen an ein wundervolles Mahl aus der Kindheit aufkommen lassen oder einfach Appetit auf ein köstliches Essen machen. Das muss man im Blick haben.

Also: Keine vorschnelle Interpretation über die Absichten der „bösen Nachbarn"! Man muss über solche gegensätzlichen emotionalen Reaktionen reden. Dafür haben wir hier ein paar Tipps:

1. Gehen Sie davon aus, dass solch „fremdes" Verhalten nicht böse gemeint ist, sondern einfach nur Teil der Kultur und eines anderen Selbstverständnisses ist.
2. Öffnen Sie einen „Kulturkanal". Lenken Sie im Gespräch auf die Unterschiedlichkeit der Kulturen hin. Möglicherweise interessieren Sie sich ja dafür, etwas Neues kennenzulernen. In etlichen Kulturen kann ohnehin erst über Sachprobleme verhandelt werden, nachdem man über Familie usw. gesprochen hat. Da steht die Beziehung im Vordergrund, nicht das Sachproblem. Also sprechen Sie zuerst die nachbarschaftliche Beziehung an und wie in

der anderen Kultur damit umgegangen wird.

3. Holen Sie sich die Erlaubnis ein, auch solche Dinge anzusprechen, die in der anderen Kultur möglicherweise unhöflich erscheinen.
4. Versuchen Sie im Gespräch auch Gemeinsamkeiten herauszufinden. Das ist gar nicht so schwer, wenn man sich aufrichtig dafür interessiert. Es sind letztlich alles nur Menschen, die im Grunde friedlich ihr Leben leben wollen.
5. Fragen Sie , wie man in der anderen Kultur mit dem speziellen Problem umgehen würde, und was ein Betroffener in der Situation vermutlich tun könnte oder würde.
6. Erklären Sie die eigene Reaktion aus Sicht der eigenen Betroffenheit, formulieren Sie sie dabei aber nicht als Anspruch. Etwa: „Was würdest du jetzt an meiner Stelle tun, wenn …"
7. Wenn man erst einmal so weit gekommen ist, sollte es auch nicht mehr schwerfallen, eine Lösung zu finden, die für beide Seiten in Zukunft akzeptabel ist.

Der Trick lautet praktisch immer: Erst den anderen verstehen, bevor man seine eigenen Ansprüche vorträgt. Behalten Sie als Faustregel im Kopf: Interesse öffnet Menschen. Forderungen stellen (angreifen) verschließt.

Schwierige Nachbarn

Es gibt natürlich auch Fälle, in denen man mit dem Nachbarn einfach nicht mehr reden kann. Die Kommunikation ist völlig verfahren, wenn einem jedes Wort im Mund herumgedreht wird. Die festgefahrene Einschätzung „Du bist nur so freundlich, weil du etwas erreichen willst" entwertet jeden positiven Ansatz. Man fragt sich, ob es dann überhaupt noch Sinn hat, mit dem Nachbarn zu reden.

Auch kann es sein, dass der Nachbar überhaupt kein Interesse an einer guten nachbarschaftlichen Beziehung hat. Es gibt auch Soziopathen, bei denen Hopfen und Malz verloren sind. Und wer lässt sich schon gerne freiwillig beschimpfen oder beleidigen? Diese Fälle sind zum Glück aber selten.

Wichtig ist, dass Sie bei sich bleiben und die Spielchen des Nachbarn nicht mitspielen. Wenn Ihr Nachbar denkt, Sie seien ein Soziopath, ist das zunächst seine Meinung. Warum regen Sie sich darüber auf? Hat er recht?

> **Sie entscheiden, wer oder was Sie sind, nicht der Nachbar!**

Auch wenn es wie eine Beleidigung klingt, müssen Sie die Meinung nicht teilen. Wenn es Ihnen wichtig ist, dass der Nachbar anders über Sie denkt, helfen Argumente in den seltensten Fällen. Sie führen aber häufig in eine Argumentationsschleife hinein, aus der man nur schwer wieder herausfindet.

Wie wäre es, wenn Sie die Meinung zunächst einmal hinnehmen und fragen: „Wie sollte ich mich deiner Meinung nach verhalten ?" Sie bekommen Kriterien als Antwort (wenn dem Nachbarn dazu überhaupt eine Antwort einfällt) und können darlegen, inwieweit Sie diesen Kriterien entsprechen.

Ein Tipp: Warten Sie mit dem Gegenvorwurf „Daran hältst du dich ja selbst nicht!" bitte, bis Sie sich über Ihren Beitrag einig sind. Dann lässt sich anfügen: „Und ich würde mir wünschen, dass das für uns beide gilt."

Überlegen Sie bitte, wer der Spielmacher ist in dem Nachbarschaftsspiel: Sie oder der Nachbar. Sie müssen Aggressivität nicht mit Aggressivität beantworten, und Sie müssen sich nicht an Kriegsspielen beteiligen. Es ist sowohl ein Vorteil wie ein Nachteil, dass sich Nachbarn kaum aus dem Weg gehen können. Der Vorteil ist, Sie können langfristig planen.

Wie Sie planen können, lässt sich am besten mit der Indianergeschichte von den zwei Wölfen beschreiben. Großvater und Enkel unterhalten sich über das Leben. Der Großvater vergleicht es mit dem Kampf zweier Wölfe. Der eine ist gut. Er ist barmherzig, großzügig, voller Hoffnung, Freude und Gelassenheit. Der andere Wolf ist böse. Er steht für Hass, Neid, Argwohn und Misstrauen. Der Enkel fragt: „Welcher Wolf wird den Kampf gewinnen?" Der Großvater antwortet: „Der, den du fütterst."

Jede Aktion löst eine Reaktion aus. Das Phänomen wird in der Kommunikation als Interpunktion bezeichnet. Es ist ein Wahrnehmungsphänomen, dass man stets meint, auf den anderen zu reagieren, wobei der andere ebenfalls meint, nicht zu agieren, sondern nur zu reagieren. Es ist daher sinnlos, herauszufinden, wer mit dem Streit angefangen hat. Es gibt auch keine einseitige Pflicht, den Streit zu beenden. Deshalb wird die Frage, wer angefangen hat, ins Leere gehen, und sollte durch die Frage ausgetauscht werden, was man tun kann, um nicht mehr streiten zu müssen.

Nicht immer gelingt der Dialog. Wenn Sie merken, dass die Kommunikation nicht weiterführt, ist ein Strategiewechsel erforderlich. Wieder hilft eine Indianerweisheit: „Wenn du merkst, dass das Pferd, auf dem du reitest, stirbt, steig ab." Das will sagen, dass man die Strategie wechseln sollte, wenn sich ihre Unwirksamkeit herausstellt. Gegebenenfalls ist eine Eskalation angesagt, damit sich etwas bewegt.

Eine Deeskalation lässt sich manchmal mit der Eskalation herbeiführen.

Eine Eskalation ist zum Beispiel der Gang zum Anwalt. Zumindest wird das von der

Gegenseite oft so verstanden. Achten Sie bitte darauf, dass der Schritt korrekt verstanden wird. Das muss kommuniziert werden: „Es ist mir wichtig, das Problem zu lösen. Ich bin auch bereit, deine Interessen zu achten. Das war mir bisher nicht möglich. Ich gehe also den Weg zum Gericht nur, weil eine andere Art der Auseinandersetzung nicht möglich ist."

Sie sind Ihr eigener Konfliktmanager!

Beachten Sie, dass Sie die Entscheidung, wie Sie mit Ihrem Konflikt umgehen, stets selbst zu treffen haben – auch dann, wenn Sie die Entscheidung über die Art und Weise der Konfliktbeilegung anderen überlassen, fällt deren Rat letztlich auf Sie zurück.

Jemand mag Ihnen die Entscheidung abnehmen. Die Konsequenzen tragen Sie im Zweifelsfall immer selbst. Berater können Ihnen den richtigen Weg zeigen. Sie können die Chancen und Risiken ausloten und Empfehlungen geben.

Den Konflikt können sie Ihnen jedoch nicht abnehmen. Das Konfliktmanagement beginnt im Unterbewussten. Parteien, die sich selbst für den Konflikt verantwortlich sehen, wenden sich an einen Coach oder Therapeuten, um sich von dem Leid zu befreien. Parteien, die den Gegner verantwortlich machen, werden sich an einen Anwalt wenden.

Jeder Dienstleister, an den Sie sich wenden, wird sich natürlich als zuständig sehen. Ganz nach dem Prinzip von Maslow: „Wer gelernt hat mit dem Hammer umzugehen, für den ist jedes Problem ein Nagel." Wenn Sie eine Dienstleistung in Anspruch nehmen, fragen Sie den Dienstleister nicht nur nach seiner Zuständigkeit. Erkundigen Sie sich auch nach den Möglichkeiten anderer Verfahren. An seiner Reaktion werden Sie erkennen, wie gut er sich in der Verfahrenslandschaft auskennt. Fordern Sie zunächst einen Verfahrensvergleich ein!

▶ **Nutzen Sie die Übersicht der möglichen Streit- und Konfliktbeilegungsverfahren im nächsten Kapitel, um den richtigen Weg zur Konfliktlösung zu finden.**

Methoden der Konfliktbeilegung

Sie müssen nicht gleich vor Gericht ziehen, wenn es Zoff mit den Nachbarn gibt. Zahlreiche Verfahren eröffnen Wege zur Einigung.

Juristisch betrachtet beschreibt ein Verfahren eine definierte Abfolge von Rechtshandlungen. Weil das Helfersystem aber nicht nur aus Rechtsverfahren besteht, wird der Verfahrensbegriff hier weit ausgelegt, sodass alle Methoden der Konfliktbeilegung erfasst werden. So werden beispielsweise auch die Beratung, die Therapie, die Verhandlung, die Moderation usw. in diesem Buch als Verfahren erfasst. Die Einordnung aller Verfahren orientiert sich zunächst am Rang der beteiligten Helfersysteme, indem die Verfahren nach Streitinstanzen aufgeteilt werden.

Clearing weist den Weg?

Leider gibt es in Deutschland keine offiziellen und unabhängigen Clearing-Instanzen, also Beratungsstellen, die Ihnen den besten Weg in die Konfliktbeilegung und das dafür optimal geeignete Verfahren aufzeigen.

Machen Sie sich immer wieder bewusst, dass der Weg in die Konfliktbeilegung meistens schon im Unterbewusstsein eines jeden Konfliktbeteiligten selbst angelegt ist. Sehen Sie Ihren Gegner im Nachbarschaftsstreit als den Ursprung allen Übels, werden Sie sich wahrscheinlich an einen Anwalt wenden. Meinen Sie, dass Sie möglicherweise selbst die Ursache des Problems sind, gehen Sie vielleicht zu einem Therapeuten.

Es gibt Onlineangebote, die Ihnen helfen wollen, den Weg in die optimale Konfliktbeilegung zu finden. Ein Beispiel dafür ist www.wiki-to-yes.org/Nachfrage.

Stufe eins: Eigene Kompetenzen stärken

Die Verfahren der ersten Instanz werden monadische Verfahren genannt. Eine Konfliktpartei muss sich zunächst selbstständig mit der Frage auseinandersetzen, ob sie überhaupt ein Problem hat, das es zu lösen gilt. In dieser Instanz sind die Parteien oft auf sich allein gestellt. Eine über dieses Buch hinausgehende Hilfestellung finden Sie bei „Adressen, Kontakte" ab Seite 154.

Auch Gespräche mit pragmatischen oder vernunftbetonten Freunden können Ihnen helfen, den Konflikt aus einem anderen Blickwinkel zu betrachten. Das reicht manchmal schon, um aus der Aufregung

Meinungen einholen
Gute Freunde können bei Konflikten mit Nachbarn auch kritisch Stellung nehmen und ganz neue Perspektiven aufzeigen.

erst einmal „runterzukommen" und die Lage zu sondieren.

Ein guter Freund darf Kritik üben!

Achten Sie stets darauf, wen Sie um Hilfe bitten. Wenden Sie sich an eine Person, die Ihnen recht gibt oder die Sie infrage stellt? Wenn Sie einen Ansprechpartner suchen, der Ihnen recht geben soll, kennen Sie bereits die vermeintliche Lösung. Dann geht es Ihnen wahrscheinlich eher darum, Ihren Standpunkt zu verfestigen und die Kraft zu sammeln, ihn durchzusetzen.

Der Mensch ist im Grunde ein soziales, kooperatives Wesen. Was spricht also dagegen, den Nachbarn einfach auf das Problem anzusprechen? Sicher gibt es auch die weniger angenehmen Nachbartypen, die rücksichtslos nur die eigenen Interessen verfolgen und berechtigte Einwände ihrer Nachbarn einfach beiseiteschieben. Andere legen es regelrecht auf einen Rechtsstreit an – sei es nun aus Langeweile oder weil sie einen Nachbarn gezielt schikanieren wollen. Mehr dazu im Kapitel „Schwierige Nachbarn" ab Seite 46 . Es ist auf jeden Fall gut, seine Rechte und Pflichten gegenüber den Nachbarn zumindest zu kennen.

Stufe zwei: Die richtigen Berater wählen

Spätestens wenn es zu einem Disput mit dem Nachbarn kommt und Gespräche nicht mehr ausreichen, um das Problem zu lösen, sind Sie auf professionelle Hilfe angewiesen. Dann kommen die Verfahren der zweiten Streitinstanz in Betracht. Diese Verfahren werden dyadische Verfahren genannt. Es handelt sich um die Fälle, bei denen Berater, Rechtsanwälte, Therapeuten oder Vertreter eingeschaltet werden.

Bitte achten Sie darauf, dass es zunächst darum geht, wie Sie selbst mit dem Problem zurechtkommen und was Sie selbst tun können, um das Problem zu lösen. Wessen Hilfe Sie auch in Anspruch nehmen: Ihr per-

Professionelle Beratung
Lassen Sie sich die eigene Position erklären: Was können Sie mit welchen Maßnahmen erreichen?

sönlicher Nutzen sollte im Vordergrund stehen. Das ist nicht immer selbstverständlich. Mehr dazu im Kapitel „Der Nutzen steht im Vordergrund" ab Seite 62.

Wenn Sie sich an einen Coach oder Therapeuten wenden, geht es um Sie selbst. Dann steht die Frage im Mittelpunkt, wie Sie mit einem Problem zurechtkommen, oder die Frage, ob und wie Sie Ihre Einstellung oder Ihr Verhalten ändern müssen, damit Sie das Problem für sich aus der Welt schaffen können. Im Mittelpunkt dieser Dienstleistungen steht also die Innenwirkung.

Wenn Sie zu einer Anwältin oder einem Anwalt gehen, ergibt sich eine Außenwirkung. Zwar geht es auch hier zunächst um die Beratung, wie die Sach- und Rechtslage korrekt einzuschätzen ist. Der Anwalt wird sich gegebenenfalls eine Vollmacht erteilen lassen, damit er in Ihrem Namen mit der gegnerischen Partei in Kontakt treten kann. Stimmen Sie bitte genau ab, wie diese Kontaktaufnahme erfolgen soll. Es ist wichtig, dass der Anwaltsbrief an den Gegner nicht für sich bereits als ein Angriff verstanden wird.

Reden Sie über die Vorgehensweise mit der Anwältin und besprechen Sie mit ihr, dass und wie sie eine Deeskalation des Konflikts sicherstellen kann. Hinterfragen Sie den Nutzen und die Nachhaltigkeit der geplanten Maßnahme. Der Nutzen ist kein gesetzliches Tatbestandsmerkmal, weshalb er Juristen gerne aus dem Blick gerät.

Stufe drei: Die neutralen Dritten

Führt auch dieser Schritt nicht zur Problem- oder Konfliktlösung, helfen Ihnen die sogenannten triadischen Verfahren weiter. Triadisch bedeutet, dass eine dritte Person eingeschaltet wird, um das Problem zu lösen.

In dieser Instanz liegt die grundsätzliche Unterscheidung zwischen den Verfahren der Streitvermittlung und denen der Streitentscheidung nahe. Innerhalb der Streitvermittlung ist die Mediation von der Schlichtung abzugrenzen.

Mediation
Bei der Mediation oder einem Schlichtungsverfahren akzeptieren beide gegnerische Parteien freiwillig die Entscheidung der neutralen dritten Partei.

Das Gerichtsverfahren und das Schiedsgerichtsverfahren sind die Prototypen der streitentscheidenden Verfahren.

Alle triadischen Verfahren stellen eine neutrale Instanz zur Verfügung. Personell werden sie mit dem Richter, dem Schiedsrichter, dem Schlichter und dem Mediator besetzt. Speziell in Nachbarschaftssachen kann auch ein Schiedsmann angerufen werden.

→ Schiedsamt und Mediation statt Gericht

Der Weg über eine Schlichtung ist schneller und günstiger als eine Klage. In Berlin beispielsweise übersteigen die Kosten für das Schiedsverfahren selten 35 Euro. Zuständige Gütestellen finden Sie unter www.schiedsamt.de. Eine Mediation ist generell günstiger als Anwalt und Gericht. Viele Rechtsschutzversicherungen decken sie ab. Auch Mietervereine bieten sie an.

Eine Besonderheit ergibt sich bei den Verfahren, bei denen der Streit mit einer Behörde auszufechten ist. Im öffentlichen Nachbarrecht ist das Verwaltungsverfahren von dem gerichtlichen Überprüfungsverfahren zu unterscheiden).

Das Verwaltungsverfahren vor der zuständigen Behörde beginnt durch einen Antrag, der entweder förmlich (etwa ein Bauantrag auf Errichtung eines Gebäudes oder einer Nutzungsänderung) oder formlos durch Vorsprache bei der Behörde gestellt werden kann. Oder die Behörde wird aufgrund eigener Initiative tätig und leitet von sich aus ein Verwaltungsverfahren ein. In jedem Fall ermittelt die Behörde von Amts wegen den Sachverhalt und entscheidet in der Regel durch Verwaltungsakt, kann aber auch den Abschluss eines öffentlichen Vertrags wählen. Handelt die Behörde durch einen Verwaltungsakt, also mit hoheitlicher Autorität, dann kann derjenige, der durch den Verwaltungsakt belastet wird, je nach den landesrechtlichen Bestimmungen entweder innerhalb eines Monats Widerspruch bei der Widerspruchsbehörde oder unmittelbar Klage vor dem Verwaltungsgericht erheben.

Das Widerspruchsverfahren endet entweder mit einem Abhilfebescheid oder einem Widerspruchsbescheid. Gegen den Widerspruchsbescheid ist dann ebenfalls die Klage innerhalb eines Monats an das Verwaltungsgericht zu richten.

Vor den Verwaltungsgerichten ist auch im öffentlichen Nachbarrecht stets die den Verwaltungsakt erlassende Ausgangsbehörde Klagegegner. Der Dritte, im Falle von nachbarschaftlichen Streitigkeiten also der nicht als Kläger oder Beklagte beteiligte Nachbar, ist in der Regel dem verwaltungsgerichtlichen Verfahren beizuladen (notwendige Beiladung) und kann dann auch selbst Anträge stellen.

Eine weitere Besonderheit im Nachbarrecht sind die Schiedspersonen oder andere zum Teil vorgeschriebene außergerichtliche Verfahren. Sie sind gegebenenfalls einem Gerichtsverfahren vorzuschalten. Nach § 15a Gesetz betreffend die Einführung der Zivilprozessordnung (EGZPO) kann durch ein Landesgesetz bestimmt werden, dass die Erhebung einer Klage erst zulässig ist, nachdem von einer durch die Landesjustizverwaltung eingerichteten oder anerkannten Gütestelle versucht worden ist, die Streitigkeit einvernehmlich beizulegen. Gemeint sind Streitigkeiten über Ansprüche aus dem Nachbarrecht nach den §§ 910, 911, 923 des Bürgerlichen Gesetzbuchs und nach § 906 BGB sowie nach den landesgesetzlichen Vorschriften im Sinne des Artikels 124 des Einführungsgesetzes zum Bürgerlichen Gesetzbuch, sofern es sich nicht um Einwirkungen von einem gewerblichen Betrieb handelt oder wenn es um Streitigkeiten über Ansprüche wegen Verletzung der persönlichen Ehre geht.

Die außergerichtliche Streitbeilegung

Wie der Name sagt, betrifft die außergerichtliche Streitbeilegung jede Form der Streitbeilegung, die ohne die Zuhilfenahme des Gerichts auskommt.

Das Angebot ist groß und für den Laien kaum durchschaubar. Im Vordergrund stehen die dyadischen Verfahren, also die Beratung, das Coaching und die Therapie. Wenn es um die Einschaltung eines neutralen Dritten geht, kommen speziell im Nachbarrecht die Schlichtung und die Mediation in Betracht. Die Abgrenzung zwischen Schlichtung und Mediation fällt auch in der Fachwelt nicht immer leicht. Sie wird erschwert, weil es ganz unterschiedliche Formen dieser Verfahren gibt.

Lassen Sie sich die Vorgehensweise stets erläutern.

Um zu erkennen, ob Sie das richtige Verfahren gewählt haben, fragen Sie bitte, wie genau der Schlichter oder Mediator gedenkt, in Ihrem Fall vorzugehen. Im Folgenden werden die Unterschiede zwischen der Schlichtung und der Mediation herausgearbeitet, um Ihnen bei der Entscheidung zu helfen.

Die Grundlage jeder außergerichtlichen Streitbeilegung ist die Verhandlung. Sie soll deshalb nicht zu kurz kommen. Die sich anschließende Frage, für welches Verfahren Sie sich entscheiden sollen, ergibt sich aus der im Anschluss daran vorgestellten Prüfung der Geeignetheit.

Verhandeln – intuitiv oder strukturiert

Die Verhandlung ist die grundlegende und naheliegende Form der Streitbeilegung. Sie ist übrigens die häufigste Form der Konfliktbeilegung und eignet sich mindestens ebenso gut zur Konfliktvermeidung. Meistens entsteht sie aus der Situation heraus und dem sozialen Bedürfnis, Probleme zu klären. Wegen der möglichen Spontanität fällt es den Parteien auch schwer, die Verhandlung als ein Verfahren anzusehen. Trotzdem zeigt jede Verhandlung einen Weg auf, der zu einem Ergebnis führen soll. Die Flexibilität der Verhandlung überlässt es den Parteien, ob sie den Weg zu diesem Ziel festlegen und Meilensteine bestimmen oder nicht. Verhandlungen sind frei zu gestalten. Meist erfolgen sie intuitiv. Die intuitive Verhandlung ist allerdings sehr problematisch. Oft wird einfach drauflosgeredet, ohne dass ein Ziel abgestimmt wird. Auch die zielführenden Schritte werden nicht abgestimmt.

Machen Sie sich also klar, was Sie erreichen möchten, bevor Sie in die Verhandlung gehen, und behalten Sie dieses Ziel immer im Blick.

Den Gegensatz zur intuitiven Verhandlung bildet das strukturierte Verhandeln. Das strukturierte Verhandeln setzt sich aus folgenden Schritten zusammen:

1. **Problemformulierung**: Was sind die zu klärenden Fragen oder Themen?
2. **Erarbeitung der Nutzenkriterien:** Was sind die Kriterien, an denen sich die Lösung orientieren soll?
3. **Erarbeitung der Lösung:** Welche Lösungen entsprechen den zuvor erarbeiteten Kriterien?
4. **Erforschung von Alternativen**
5. **Entscheidung für eine Lösung** und Regulierung der Umsetzung

Die Verhandlungstheorie unterscheidet das distributive Verhandeln vom integrativen Verhandeln.

Das distributive Verhandeln ist ein wettbewerbliches Verhandeln. Es erfolgt in einem Nullsummenspiel, bei dem die Lösungsmenge festgelegt ist. Meist geht es um einen Verteilungskampf, bei dem das Ergebnis nur ein Entweder-oder darstellen kann. Der Sieger kann nur auf Kosten des Verlierers gewinnen. Das heißt: Was der Gewinner bekommt, geht zulasten des Verlierers.

Im Gegensatz zum distributiven Verhandeln versucht das integrative Verhandeln, die Lösungsmenge zu vergrößern. Wenn zwei Probleme gelöst werden sollen, fällt es dem Gegner leichter, bei dem einen Problem nachzugeben, wenn ihm die Lösung des anderen Problems einen Vorteil einbringt.

Die Schlichtung

Die Schlichtung ist eine Form des strukturierten Verhandelns. Allerdings findet das Verhandeln nicht mehr nur zwischen den Parteien statt. Es wird ein Schlichter eingeschaltet, der als eine dritte, neutrale Person interagiert. Die Aufgabe des Schlichters besteht darin, den Streit zwischen den Parteien zu vermitteln. Konkret soll er die Parteien zu einer Lösung führen. Er bewertet die Vorträge und Argumente und unterbreitet auch eigene Lösungsvorschläge. Der Fokus der Schlichtung ist auf die Lösung gerichtet. Die Lösungsmenge wird aus den widerstreitenden Forderungen gebildet. Das vorgegebene Ziel ist ein Kompromiss, bei dem jede Partei nachgeben muss, damit man sich in der Mitte treffen kann. Es liegt auf der Hand, dass die Bereitschaft zum Nachgeben erst aufkommen kann, wenn die Chance, sein Ziel (die vorgestellte Lösung) zu erreichen, infrage steht. Diese Frage lässt sich über ein sogenanntes Clearing klären (siehe Kapitel „Clearing weist den Weg?“, Seite 49).

Was ist Mediation?

Die Mediation ist ebenfalls eine Form der Vermittlung im Streit. Wenn sie korrekt ausgeführt wird, ist sie das leistungsfähigste Verfahren. Um ihre Leistungsfähigkeit auszuschöpfen, muss man aber wissen, worauf man sich einlässt.

Definitionsgemäß ist die Mediation ein vertrauliches und strukturiertes Verfahren, bei dem Parteien mithilfe eines oder mehrerer Mediatoren freiwillig und eigenverantwortlich eine einvernehmliche Beilegung ihres Konflikts anstreben. Der Mediator ist eine unabhängige und neutrale Person ohne Entscheidungsbefugnis, die die Parteien durch die Mediation führt. So steht es im §1 Mediationsgesetz.

Was aber ist damit gemeint? Die Definition lässt einen großen Spielraum an Gestaltungsmöglichkeiten. Dementsprechend unklar ist, was genau unter Mediation zu verstehen ist. Manche halten sie für überflüssiges Weicheigelaber. Wer sich aber auskennt, weiß, wozu die Mediation im Stande ist.

Wenn man sich das Streiten als ein Universum vorstellt, ist es ein Kontinuum, das aus mehreren Dimensionen besteht. Die Dimensionen des Streitkontinuums sind die Fakten, denen die Emotionen gegenüberstehen, und die Forderungen (in der Sprache der Mediation sind das die Positionen), denen die Bedürfnisse und Motive gegenüberstehen.

Es ist leicht vorstellbar, dass eine vollständige Konfliktlösung nur denkbar ist, wenn alle Dimensionen bei einem Streit abgearbeitet werden. Das Gerichtsverfahren beispielsweise deckt nur die Fakten und Positionen ab. Der Vorteil der Mediation ist, dass sie alle Dimensionen abdecken kann.

Ein Gericht kann den Streit beenden. Der erreichte Rechtsfriede bedeutet, dass kein legaler Weg zum Streiten mehr gegeben ist, weil die gerichtlichen Instanzen ausgeschöpft wurden. Der Streit ist also beigelegt. Das Problem ist entschieden. Was aber ist mit dem Konflikt? Die Beilegung des Streites bezieht nicht zwingend auch die Konfliktbeilegung ein (siehe dazu Kapitel „Der Umgang mit Konflikten" ab Seite 39).

Auch wenn sich die Mediation auf alle Dimensionen des Streitkontinuums einlassen kann, bedeutet das nicht, dass sie alle Streitdimensionen einbezieht. Es gibt verschiedene Arten der Mediation, die als Mediationsmodelle bezeichnet werden. Zu unterscheiden sind:

1. **Sondierende Mediation:** Sie vermittelt bei Fällen, die sich noch im Stadium von Vorüberlegungen und Sondie-

rungsgesprächen befinden. Eine Beratung oder eine Moderation wäre ausreichend. Es genügt also, wenn jemand hinzugezogen wird, der die Gedanken in die richtige Richtung lenkt und dabei hilft, die zu klärenden Fragen aufzudecken. Oft lassen sich diese Fragen selbst beantworten.

2 **Evaluative Mediation:** Evaluativ bedeutet wertend oder bewertend. Die evaluative Mediation entspricht am meisten dem juristischen Verfahren. Dieses Mediationsmodell ist sehr faktenbasiert und ähnelt einem gerichtlichen Vergleich. Die Bewertung nimmt das juristische Ergebnis vorweg. Der Mediator unterstützt die Parteien, indem er die Schwachpunkte ihres Falles (ihrer juristischen Argumentation) herausarbeitet. Er mag formale Empfehlungen hinsichtlich des (juristischen) Ergebnisses (Fallausgang) einbringen.

3 **Facilitative Mediation:** Facilitativ bedeutet vereinfachend, erleichternd. Der Mediator strukturiert einen Prozess, um die Parteien dabei zu unterstützen, ein wechselseitig akzeptiertes Ergebnis zu erzielen. Er befragt die Parteien, wertschätzt und normalisiert, stellt unterschiedliche Sichtweisen heraus und sucht nach den Interessen hinter den Positionen, um darauf basierte Lösungsoptionen zu erarbeiten. Die facilitative Mediation bezieht also eine weitere Dimension des Streitkontinuums ein und stellt die Motive der Handelnden in den Vordergrund.

4 **Transformative Mediation:** Mit dem Einfluss der Psychologen entwickelt sich die Mediation von einer bloßen Interessenerhellung zu einer echten Konfliktarbeit, bei der das Konflikterleben der Parteien im Vordergrund steht. Transformativ bedeutet umformend, umgestaltend. Mit der Arbeit am Konflikt sollen die Parteien in die Lage versetzt werden, ihre Erkenntniswelt so umzuformen, dass ihnen eine Neugestaltung der streitbefangenen Lebensverhältnisse, also zum Beispiel der nachbarschaftlichen Beziehung, möglich wird. Die transformative Mediation setzt auf die Fähigkeiten der Parteien. Sie versucht, diese zu verstärken und nutzbar zu machen und ermöglicht die Anerkennung der hinter dem Streit verborgenen Bedürfnisse.

5 **Integrierte Mediation:** Die Praxis ist nicht so trennscharf, wie die Theorie es gerne hätte. Die Übergänge sind fließend. Es gibt Grenzen und Überschneidungen. Kein Verfahren ist wirklich allumfassend. Es kann erforderlich werden, das Modell während einer Mediation zu wechseln. Die integrierte Mediation trägt diesem Umstand Rechnung, indem sie nicht nur ihre Sicht auf die Mediation herausstellt, sondern auch ein Bearbeitungsmodell

anbietet, das den Methodenwechsel beschreiben kann. Das zur integrierten Mediation passende Mediationsmodell vereint die unterschiedlichen Herangehensweisen in sich, um sie bedarfsgerecht einzusetzen. Das gängige Konzept der Mediation basiert auf dem sogenannten Harvard-Konzept, einer Studie zum sachgerechten Verhandeln. Demgegenüber basiert die integrierte Mediation auf der kognitiven Mediationstheorie, wodurch der zur Lösung führende Erkenntnisprozess in den Mittelpunkt gestellt wird.

Der gravierende Unterschied zur Schlichtung besteht darin, dass die Lösung nicht vorgegeben wird. Sie wird aus dem Prozess heraus erarbeitet. Der Weg ist das Ziel. Die Weisheit Laotses lässt sich voll und ganz auf die Mediation beziehen. Wer den richtigen Weg geht, wird das richtige Ergebnis finden. Was macht den Weg so besonders?

Der Blick auf das Streitkontinuum deutet bereits an, dass die Mediation mit der gesamten Komplexität des Problems umgehen kann und eine vollständige Konfliktauflösung anstrebt. Eine weitere Besonderheit ist ihre Herangehensweise. Die Mediation schaut nicht auf die Lösung, sondern auf den mit der Lösung zu verknüpfenden Nutzen. Auch diese Sicht kommt im juristischen Denken zu kurz. Das juristische Denken vergleicht den zu klärenden Lebenssachverhalt mit einer Norm. Die Lösung ergibt sich aus den Rechtsfolgen der Norm. Ob sie für die Partei nützlich ist, hinterfragt das Gesetz nicht.

In der Mediation wäre das hingegen die wichtigste Frage. Die Mediation versucht, eine Lösung zu finden, die für alle Beteiligten von maximalem Nutzen ist. Das klingt einfacher als es ist und erfordert ein anderes Denken.

Zunächst kommt es darauf an, sich von den Positionen, also den vorgestellten Lösungen, zu befreien und darauf zu vertrauen, dass es eine noch bessere Lösung gibt, mit der alle zufrieden sind und die eine maximale Nachhaltigkeit und dauerhaften Frieden verspricht. Mediation heißt, eine Lösung zu suchen. Ihre Besonderheit besteht darin, die Lösung nicht aus dem Streit, sondern aus dem Einvernehmen zu finden.

Aus schlechten Gedanken lassen sich keine guten Lösungen produzieren. Also stellt die Mediation einen Gedankengang her, der nicht auf einem Streit, sondern auf einem Einvernehmen beruht. Dabei spielt es eine entscheidende Rolle, welche Ansichten das Verhalten der Parteien steuern und wie die Ansichten so zusammengeführt werden können, dass daraus positive Gedanken entstehen, die eine ebenso positive Lösung versprechen. Ein versierter Mediator weiß, wie er diesen Gedankengang ermöglichen kann. Er weiß, wie mit einem Konflikt umzugehen ist.

Erscheinungsformen der Mediation

Um den richtigen Dienstleister zu finden, müssen Sie nicht nur die einschlägigen Verfahren, sondern auch die unterschiedlichen Herangehensweisen der Mediation kennen. Das ist für einen Laien nicht leicht zu durchschauen. Fragen Sie den Mediator Ihrer Wahl einfach, wie er in Ihrem Fall vorgehen würde.

Achten Sie bitte darauf, dass folgende Fragen beantwortet werden:

1. Ist der Mediator, die Mediatorin wirklich neutral und unabhängig?
2. Kennt der Mediator die unterschiedlichen Herangehensweisen?
3. Wie sieht die Konfliktanalyse aus, die der Mediator der Bearbeitung zugrunde legt, und nach welchem Mediationsmodell plant er die Durchführung der Mediation?

→ Eine Entscheidungshilfe ...

... finden Sie bei „Wiki to Yes" (www.wiki-to-yes.org/Tip-Mediation ProsCons). Dort gibt es auch den Zugang zu Mediatorenverzeichnissen (www.wiki-to-yes.org/Mediatoren verzeichnis).

Wann ist Mediation sinnvoll?

Die Mediation eignet sich nicht für alle Fälle der Konfliktbeilegung. Wie jeder Dienstleister muss der Mediator einem Auftrag die Prüfung voranstellen, ob die Mediation im konkreten Fall auch zum gewünschten Ergebnis führt. Die Mediation ist in folgenden Fällen geeignet:

1. **Es muss ein Konflikt vorliegen.** Der Begriff Konflikt wird im weitesten Sinne verstanden. Es genügt also auch ein Streit oder ein zu klärender Widerspruch.
2. **Die Suche nach einer Lösung** muss eine sinnvolle Herangehensweise sein. Die Mediation ist nicht geeignet, wenn Lösungen durchgesetzt werden sollen, die nicht hinterfragt werden. Eine Suche ist stets erforderlich, wenn Sie keine Lösung des Problems kennen, die vorgestellte Lösung nicht umsetzbar ist, wenn zu erwarten ist, dass die durchzusetzende Lösung keine nachhaltige Befriedigung darstellt oder wenn die Lösung eine Mitwirkung des Gegners erfordert.

Der Mediator muss eine Konfliktanalyse durchführen. Was in der Mediation vorgeschrieben ist, sollte bei allen Konfliktdienstleistungen eingefordert werden.

Sprechen Sie also mit dem Dienstleister, wie er mit Ihrem Konflikt umgehen wird. Fragen Sie nach den Strategien, den Möglichkeiten und Konsequenzen. Die Konfliktanalyse muss ergeben, wie der Dienstleister den Konflikt einschätzt. Es kommt darauf an, ob er lediglich das offensichtliche Problem oder auch den dahinter liegenden Konflikt erkennt.

Das Problem ist in der Sprache der Mediation ein Sachkonflikt. Ein Sachkonflikt lässt sich sachlich und faktenbasiert lösen. Dafür genügt eine facilitative Mediation oder vielleicht sogar nur eine Moderation (siehe Seiten 56 ff.).

→ Beziehungs- und Sachebene

Zunächst muss man bereit sein, das Gegenüber verstehen zu wollen. Diese Aussage ist so grundsätzlich, dass sie häufig verkannt wird: Es gibt keine Sachkonflikte, sondern ausschließlich Beziehungskonflikte! Wer sich einigen will, wird dafür Mittel und Wege finden. Wer das nicht will, nutzt jede Sachfrage, um das jeweilige Beziehungsangebot abzulehnen. Damit werden Belastungen auf der Beziehungsebene nicht angesprochen, sondern auf der Sachebene in endlosen Debatten diskutiert.

Bei nachbarschaftlichen Verhältnissen beschränkt sich der Konflikt in der Regel aber nicht nur auf das Problem. Oft leidet die nachbarschaftliche Beziehung unter der Art der Problembewältigung, wenn die gestörte Beziehung nicht sogar dafür die Ursache bildet. Das ist ein Grund, warum sich Streitigkeiten zwischen Nachbarn oft nicht nur auf die Problemlösung beschränken und Folgestreitigkeiten auslösen.

Dazu ein Beispiel: Sie streiten mit dem Nachbarn über den Grenzabstand einer neuen Bepflanzung. Sie fühlen sich jetzt schon beeinträchtigt, weil Sie befürchten, dass der Baum, den der Nachbar gerade gepflanzt hat, Ihnen in Zukunft die Sicht wegnimmt und das Wurzelwerk sich auf Ihrem Grundstück ausbreitet.

Sie sprechen den Nachbarn darauf an und fordern ihn auf, die Grenzabstände einzuhalten. Der Nachbar ignoriert Ihren Einwand und führt sein Vorhaben unbeirrt fort. Sie sind empört über diese Ignoranz und Rücksichtslosigkeit.

Ab jetzt geht es nicht mehr nur um das Problem der Bepflanzung, sondern auch darum, dem Nachbarn zu zeigen, dass man so nicht mit Ihnen umgehen kann. Aus dem Sachproblem ist jetzt ein Beziehungskonflikt geworden. Bei der Konfliktlösung sollte also immer auch die nachbarschaftliche Beziehung in den Blick genommen werden.

Wie bereits im Kapitel „Wahrnehmung und Kommunikation“ (siehe Seite 42) besprochen, müssen Sie damit rechnen, dass sich der Nachbar seinerseits im Recht fühlt und Ihnen zeigen will, „wo der Hammer hängt“.

So wird eine Ausgangslage geschaffen, die einen Streit nach dem anderen nach sich zieht und so lange anhält, bis einer der Nachbarn aufgibt. In aller Regel bleiben dann zumindest ungute Gefühle zurück, die sich auf das nachbarschaftliche Miteinander auswirken. Eine gute und nachhaltige Konfliktbeilegung achtet also auch auf den zugrunde liegenden Beziehungskonflikt. Es geht um die Streitdimension der Emotionen, die in einem gerichtlichen Verfahren kaum so angesprochen werden, dass es zu einem Ausgleich kommt.

Erst die Konfliktanalyse gibt verwertbare Hinweise auf die korrekte Konfliktbearbeitung. Sie deckt nicht nur die verborgenen Konflikte auf, sondern besagt auch, wer in die Konfliktbeilegung einzubeziehen ist. Hier ist eine Entscheidung zwischen den Streit- und den Konfliktparteien angebracht.

Streitparteien sind die juristisch legitimierten Parteien, also die, in deren Recht eingegriffen wird. Wenn der Nachbar Eigentümer des Grundstücks ist, von dem eine Beeinträchtigung ausgeht, ist er juristisch gesehen die Streitpartei, also die Person, die zu verklagen wäre. Wenn der Nachbar aber ein Charakter ist, der selbst einem Streit lieber aus dem Weg geht, aber von der Ehefrau angestachelt wird, wäre diese die Konfliktpartei, die in die Konfliktbearbeitung einzubeziehen ist, damit der Konflikt endgültig beigelegt werden kann.

Schließlich achtet die Konfliktanalyse noch auf den Eskalationsgrad des Konflikts. Die Faustregel lautet, dass der Konflikt umso weniger sachlich gelöst werden kann, je höher er eskaliert ist. Das limbische System im Gehirn übernimmt da die Kontrolle. Bei der höchsten Eskalationsstufe geht es längst nicht mehr darum, ein Problem zu lösen. Die „Vernichtung des Gegners“ wird zum dominanten Ziel. Der Drang, den Gegner zu vernichten, kann so groß werden, dass die Selbstvernichtung in Kauf genommen wird. Derart hoch eskalierte Konflikte werden als Rosenkrieg bezeichnet. Zum Glück kommen sie relativ selten vor.

Problem und Chancen der Freiwilligkeit

Weil die Mediation ergebnisoffen ist und keine konkrete Lösung versprechen kann, wird sie oft über die Verfahrensmerkmale beschrieben. Das Verfahren zeigt, wie die Lösung aussehen kann. Die Fähigkeit beispielsweise, alle Dimensionen des Streitkontinuums zu behandeln, gibt einen Eindruck von der zu erwartenden Lösung. Dasselbe gilt für die Nutzenorientierung. Ein weiterer Vorteil der Mediation ist schließlich, dass sie, wenn sie korrekt durchgeführt wird, alle anderen Lösungen (also auch eine gerichtliche) untersucht und gegenüberstellt, damit sich die Parteien für die wirklich beste Lösung entscheiden können.

Eine bedeutende und oft in den Vordergrund gestellte Eigenschaft der Mediation ist die Freiwilligkeit. Sie ist Fluch und Segen zugleich. Sie ist ein Segen, weil sie ausschließt, dass Ergebnisse zustande kommen können, mit denen eine Partei nicht einverstanden ist. Aus demselben Grund ist sie Fluch, weil sich die Gegner dem Verfahren ohne Weiteres entziehen können und weil sie jedes Ergebnis verhindern können. Es ist die Aufgabe des Mediators, sie davon abzuhalten.

Anders als bei Gericht genügt es nicht, wenn eine Partei das Verfahren in Gang bringt. Bei der Mediation müssen sich alle Parteien für das Verfahren entscheiden und dem zustimmen. Dabei aber steht der Konflikt oft im Wege. Es ist ein Merkmal hoch eskalierter Konflikte, dass die Konfliktparteien dazu neigen, den Vorschlag der anderen Partei schon deshalb abzulehnen, weil sie ihr einfach nicht entgegenkommen können. Denn das sähe doch so aus, als wolle man sich unterwerfen oder gar dem Gegner recht geben ...

Solche Gedanken sind zwar typisch für einen Konflikt, aber sachlich falsch. Denn die Mediation ist kein Entgegenkommen und auch keine Gnade, die dem Gegner eingeräumt wird. Richtig verstanden geht es darum, die eigenen Interessen zu wahren. Um auch den Gegner von der Mediation zu überzeugen, helfen eine gute Aufklärung und die Frage nach dem Nutzen.

Der Nutzen steht im Vordergrund

Die Mediation ist ein nutzenorientiertes Verfahren. Der Nutzen steht im Vordergrund, nicht nur, wenn es um das Ergebnis, also die zu findende Lösung geht, sondern auch, wenn es um die Wahl des Verfahrens geht.

Bei der Frage nach dem Nutzen ist es wichtig, den Nutzen von der Lösung zu unterscheiden.

Dazu ein Beispiel: Die Lösung besteht nach Ihrer Vorstellung darin, dass der Nachbar den Baum umpflanzt. Ihr Nutzen liegt auf der Hand. Es gibt keinen Überhang über die Grundstücksgrenze, keine Lichtbeeinträchtigung usw. Wäre diese Lösung aber wirklich nützlich, wenn sie in einen Dauerstreit führt oder der Nachbar stattdessen eine Wand errichtet, die rechtlich zwar zulässig, aber so hässlich ist, dass Sie sich nachhaltig beeinträchtigt fühlen?

Der Nutzen hinterfragt stets den Vorteil. Der Vorteil findet sich in der Befriedigung. Meistens erlaubt er mehrere Lösungen. Geschickte Verhandler sind sich über den zu erzielenden Nutzen bewusst, sodass sie auch für andere Lösungen offen sind und nachgeben können, ohne nachzugeben. Ein Beispiel dafür, dass der Nutzen mehr und bessere Lösungen ermöglicht, ergibt sich aus dem etablierten Harvard-Konzept und dem dort vorgestellten Orangenbeispiel:

Eine Mutter hat zwei Kinder. Die streiten um eine Apfelsine. Jedes Kind verlangt die Apfelsine für sich. Es werden Argumente ausgetauscht und Vorwürfe gemacht. Der Streit geht um die Verteilung der Apfelsine. Statt den Kindern die Entscheidung abzunehmen und die Apfelsine hälftig zu teilen oder selbst zu essen, erkundigt sich die Mutter nach den hinter dem Streit liegenden Interessen. Sie fragt: „Wozu braucht ihr die Apfelsine?" Dann antwortet das eine Kind: „Ich möchte Orangensaft trinken." Das andere Kind antwortet: „Ich möchte einen Kuchen backen." Nun ergibt sich eine Lösung, mit der beide Kinder zufrieden sind: Das eine

Kind bekommt die Schale zum Kuchenbacken, das andere Kind bekommt das Fruchtfleisch, um daraus den Saft zu pressen.

Das Beispiel zeigt einen schlauen, aber leider nicht gerade naheliegenden Weg in die Konfliktlösung. Sie können den ersten Schritt in diese Richtung gehen, indem Sie sich fragen: „Was habe ich davon, wenn ...?"

Die gleiche Frage können Sie natürlich auch dem Nachbarn stellen: „Was versprichst du dir davon, wenn ...?" Der Nachbar wird Ihnen seine Lösung schildern, das ist aber nicht der Nutzen. Lassen Sie ihn weiterdenken, indem Sie fragen: „Und was passiert dann?" Je nach Antwort kommt die Nachfrage: „Und was hast du davon?" Sie fragen so lange, bis der Nutzen von allen Seiten beleuchtet wurde.

Motive und Hintergründe

Der Schlüssel für den Nutzen sind die Motive. Nicht immer sind sie den handelnden Menschen bewusst. Manche agieren aus dem Bauch heraus, ohne viel nachzudenken. Sie haben nur den unmittelbaren Vorteil im Sinn und nicht die Konsequenzen ihres Tuns, und schon gar nicht, was der unmittelbare Vorteil für sich selbst auslöst, wenn er beim Nachbarn zu einem Nachteil führt, den dieser nicht akzeptieren kann.

Sicherlich müssen Nachbarn nicht unbedingt dicke Freunde sein. Gegenseitiger Respekt ist aber nicht nur eine Frage der Ethik, sondern auch der Vernunft. Irgendwann braucht man den Anderen sicher. Dann kann man an der nachbarschaftlichen Beziehung arbeiten oder es halten wie die Indianer, deren Weisheit besagt, dass man nur lange genug am Fluss sitzen muss, um zu sehen, dass die Leiche des Feindes vorbeischwimmt.

„ Motive spielen in der Mediation eine außerordentlich große Rolle.

Manchmal ist auch eine Eskalation notwendig. Sie ist allerdings nur dann sinnvoll, wenn sie bewusst dazu genutzt wird, um eine Deeskalation herbeizuführen.

Motive spielen in der Mediation eine außerordentlich große Rolle. Sie decken zum einen den Nutzen auf. Zum anderen erhellen sie die Bedeutung dessen, was wirklich gemeint ist. Oft ist das nicht klar und die Ursache für Fehleinschätzungen. Darauf wird im Kapitel „Wahrnehmung und Kommunikation" (siehe Seite 42) näher eingegangen.

Was tun, wenn die Nachbarn unerträglich sind?

Nicht immer bringt ein Gespräch unter den betreffenden Parteien die Lösung. Wenn gegenseitiges Verständnis und Entgegenkommen nicht ausreichen, sind Sie jedoch nicht hilflos.

Sollte kein klärendes Gespräch möglich sein, so ist vorab ein formloses Beschwerdeschreiben an den Störer, den Vermieter oder die Hausverwaltung zu senden. Dieses Beschwerdeschreiben muss jedoch zeitnah, spätestens innerhalb einer Woche, erfolgen. Alle Briefe sollten aus Nachweisgründen entweder per Einschreiben übersandt werden, wobei üblicherweise ein Einwurfeinschreiben ausreichend ist, da für die Übergabe an die Post eine Bestätigung erteilt wird und auch der Postbote den Einwurf vermerkt. Ganz sicher kann man gehen, wenn man zusätzlich den Brief noch mit einfacher Post verschickt.

Bei Einschreiben mit Rückschein muss der Adressat den Rückschein unterzeichnen und es besteht die Gefahr, dass er entweder die Annahme verweigert oder nicht anzutreffen ist. Er erhält dann nur eine Benachrichtigung, dass bei der Post für ihn ein Einschreiben hinterlegt ist. Wenn er diese Benachrichtigung nicht beachtet und das Schreiben nicht abholt, so ist es ihm nicht zugegangen. Der Absender erhält es dann nach Ablauf der Lagerfrist von einigen Wochen zurück. Daneben besteht auch noch die Möglichkeit, den Brief in Gegenwart eines Zeugen zu kuvertieren und dann entweder selbst in dessen Gegenwart direkt in den Briefkasten des Adressaten einzuwerfen oder vom Zeugen einwerfen zu lassen.

Ein Störungsprotokoll erstellen

Bei Lärmbelästigungen oder anderen wiederkehrenden Störungen durch Nachbarn muss auf jeden Fall über einen gewissen Zeitraum ein Störungsprotokoll geführt werden, das dann notfalls auch zu Beweiszwecken vorgelegt werden muss. Die Dauer dieses Zeitraums hängt von der Belästigung ab: mindestens eine Woche, unter Umständen aber auch über mehrere Monate. Aus Beweisgründen ist es immer besser, das Störungsprotokoll so lange wie möglich zu führen. Ein Muster für ein typisches Lärmprotokoll finden Sie im Kapitel „Musterbriefe" (siehe Seite 163). Dieses Protokoll sollte von allen geführt werden, die durch den Lärm gestört werden.

Das Störungsprotokoll ist, wenn es sich um ein Mietverhältnis handelt, dem Vermieter der Verursacher vorzulegen, der dann seinerseits die störenden Mieter abmahnt und zur Einhaltung des Hausfriedens und der Ruhe auffordert. Im schlimmsten Fall kann der Vermieter bei weiteren Zuwiderhandlungen das Mietverhältnis sogar fristlos kündigen (§ 569 Abs. 2 BGB). Die Beschwerdeführer müssen dann aber auch bereit sein, diese Angaben notfalls in einem Rechtsstreit zum Beispiel über die Kündigung des Mietverhältnisses des Störers zu bezeugen.

Die Miete mindern

Bevor Sie eine Mietminderung wegen unzumutbarer Störungen geltend machen, müssen Sie Ihren Vermieter auffordern, Abhilfe zu schaffen und dabei eine Mietminderung androhen. Hierzu sollten Sie vorher qualifizierten Rechtsrat einholen. Es gibt zwar Mietminderungstabellen für ähnliche Fälle, entscheidend ist aber der tatsächliche Einzelfall, sodass schlimmstenfalls über die tatsächliche Höhe ein Rechtsstreit geführt wird und Sie bei zu hoher Minderung den zu Unrecht einbehaltenen Betrag nachentrichten müssen. Bei Mietminderung empfiehlt es sich deshalb immer, den einbehaltenen Betrag nicht sofort zu verbrauchen, sondern zurückzulegen.

Der Störer haftet seinem Vermieter dann für den Mietausfall, wobei der Vermieter auch hier fristlos das Mietverhältnis gemäß § 543 BGB kündigen kann, wenn der Mieter trotz einer schriftlichen Abmahnung und Aufforderung, dies ab sofort zu unterlassen, sein störendes Verhalten fortsetzt. Eine schriftliche Abmahnung erübrigt sich nach § 543 Abs. 3 BGB übrigens, wenn eine Fristsetzung oder Abmahnung offensichtlich keinen Erfolg verspricht oder die sofortige Kündigung aus besonderen Gründen unter Abwägung der beiderseitigen Interessen von Vermieter und Mieter gerechtfertigt ist.

Störungen unter Wohnungseigentümern

Ist der Störer ein Miteigentümer in einer Wohnungseigentümergemeinschaft, so muss vorab geklärt werden, ob es sich um eine Störung handelt, die ausschließlich den betroffenen Miteigentümer in dessen Sondereigentum betrifft. Ist dies der Fall, so kann dieser direkt gegen den Störer vorgehen und diesen notfalls auch auf Unterlassung verklagen.

Betrifft die Störung aber das Gemeinschaftseigentum oder mehrere Eigentümer zusammen oder sowohl Gemeinschafts- als auch Sondereigentum, und ist es deshalb erforderlich, dass einheitlich gegen den Störer vorgegangen wird, zum Beispiel wenn Mieter einer Wohnung durch Lärm nicht nur den Wohnungsnachbarn belästigen, sondern der Lärm auch im Treppenhaus und in weiteren Wohnungen zu hören ist, so ist gemäß § 9a Abs. 2 WEG ausschließlich die

Gemeinschaft der Wohnungseigentümer für eine Rechtsverfolgung zuständig.

Dann muss der Verwalter der Wohnanlage informiert werden, der dann seinerseits den betreffenden Eigentümer zur Einhaltung der Hausordnung auffordert. Dauern die Störungen weiterhin in unzumutbarem Maß an, so wird der Verwalter diese Problematik als Tagesordnungspunkt in der nächsten Eigentümerversammlung ansetzen und darin von der Eigentümergemeinschaft geeignete Maßnahmen gegen den Störer beschließen lassen, also dass die Gemeinschaft gegen den Störer Klage auf Unterlassung erhebt. Im schlimmsten Fall können gemäß §17 WEG die anderen Wohnungseigentümer vom Betreffenden verlangen, dass er seine Wohnung veräußert.

Der belästigte Eigentümer hat seinerseits einen Anspruch gegen die Gemeinschaft, dass diese gegen den Störer vorgeht. Da für die Erhebung einer Abwehrklage aber ein Beschluss der Eigentümer erforderlich ist, der in einer ordnungsgemäß geladenen Versammlung erfolgen muss, die üblicherweise nur einmal im Jahr stattfindet, kann sich die Wahrnehmung seiner Rechte und das Abstellen der Störung länger hinziehen.

Ein Wohnungseigentümer ist aber keinesfalls berechtigt, wegen der Störung durch Nachbarn oder mangelhafter Leistungen der Immobilienverwaltung seine Zahlungsverpflichtungen gemäß §16 WEG zu verletzen und das von ihm zu leistende Wohngeld nicht zu bezahlen.

Klage auf Unterlassung oder Duldung

Bei anderen Störungen als durch Lärm kann der betroffene Nachbar zuerst schriftlich abmahnen und zur Unterlassung auffordern. In bestimmten Nachbarrechtsstreitigkeiten ist vor der Klage vor Gericht zwingend ein außergerichtliches Schlichtungsverfahren vor einem zugelassenen Schlichter durchzuführen. Wird dabei keine Einigkeit erzielt, wird ein negatives Schlichtungszeugnis erstellt, das Zulässigkeitsvoraussetzung für die gerichtliche Klage ist. Folgt der Störer dem nicht, bleibt nur die Klage auf Unterlassung.

Wenn der Nachbar bestimmte Handlungen nicht gestattet, zum Beispiel das Betreten seines Grundstücks für dringend erforderliche Reparaturen (siehe Seite 66), so muss Klage auf Duldung erhoben werden. Dazu sollten Sie aber unbedingt Rechtsrat bei einem Fachmann einholen.

Strafanzeige stellen

Bei unerlaubten Handlungen oder Verletzungen des Persönlichkeitsrechts kann zusätzlich Strafanzeige erstattet werden, zum Beispiel wegen Hausfriedensbruchs, Körperverletzung oder Nötigung. Der Strafantrag muss bei der örtlichen Polizeibehörde oder der zuständigen Staatsanwaltschaft gestellt werden. Hier ist unter Umständen zu beachten, dass gemäß §77b StGB beim Strafantrag eine Frist von drei Monaten ab Kenntnis von Täter und Tat zu beachten ist.

Der Gang vor Gericht

Nicht immer gelingt es, einen Streit außergerichtlich und im Einvernehmen zu regeln. Manchmal ist eine Eskalation sogar erforderlich, um anschließend den Streit in eine Deeskalation zu führen und eine sachliche Auseinandersetzung zu ermöglichen.

Die Inanspruchnahme eines Anwalts oder des Gerichts ist dann ein durchaus gangbarer Weg.

Sie müssen sich allerdings im Klaren darüber sein, dass der Gegner diesen Schritt auch als einen Angriff sehen wird, der ihn seinerseits zum Gegenangriff motiviert. Um eine sinnlose Eskalation zu vermeiden, könnten Sie Ihr Motiv zur Inanspruchnahme des Gerichts ansagen und Alternativen aufzeigen. Beispiel: „Es ist mir wichtig, das Problem zu lösen. Ich sehe leider keine andere Möglichkeit, als diesen Weg zu gehen. Ich stehe allerdings weiterhin für ein konstruktives Gespräch zur Verfügung. ..."

Gegebenenfalls wird der Richter seinerseits als Erstes versuchen, die Parteien zu einer gütlichen Einigung zu bewegen. Die Chancen auf eine Einigung vergrößern sich, je riskanter und teurer das Gerichtsverfahren wird.

Mehrere Instanzen

Das Juristische ist nicht immer eindeutig. Das zeigt sich schon daran, dass man Rechtsmittel gegen ein Urteil in Anspruch nehmen kann, sodass der Fall vor einer höheren Gerichtsinstanz nochmals untersucht wird. Zumindest schaut die nächste Instanz auf Rechtsfehler der vorausgegangenen Instanz. In der höheren Instanz sind mehrere Richter zur Entscheidung berufen. Es gibt also Entscheidungsspielräume.

Rechtskräftige Belege und Beweise sichern (Zeugen)

In allen Fällen vor Gericht geht es immer nur um die korrekte Erfassung des Sachverhalts und die korrekte Anwendung der für den Sachverhalt vorgesehenen Norm (Rechtsregel).

Fakten müssen bewiesen werden, damit das Gericht sie verwerten kann. Fehlt der Beweis, kann es zu einer Rechtslastregel kommen, wonach die Partei, die Ansprüche geltend macht (mit wenigen Ausnahmen) auch den Beweis darüber zu führen hat. Gelingt ihr das nicht, kann das Gericht ihr den Anspruch nicht zuerkennen.

Um eine Beweisnot zu vermeiden, ist es deshalb ratsam, rechtzeitig Beweise zu sichern. Beweise sind Urkunden, gegebenenfalls Fotos oder Schriftverkehr, Zeugenaussagen, aber auch Expertisen oder Gut-

Entscheidung im Gerichtssaal
Die Klage vor dem Gericht sollte die letzte Option sein, um den Streitfall juristisch entscheiden zu lassen.

achten. Zeugen sind unzuverlässige Beweismittel. Besser ist es, einen Schriftverkehr zu produzieren, der sich auf die zu beweisenden Tatsachen einlässt.

Was kostet ein Rechtsstreit?

Die Kosten eines Rechtsstreits bestehen aus den Gerichtskosten plus den Anwaltsgebühren und fallen je nach der gerichtlichen Instanz an, in der das Verfahren anhängig ist.

Der Rechtsstreit beginnt vor Gericht in der ersten Instanz. Wenn nach deren Entscheidung eine der Parteien nicht damit einverstanden ist, so kann sie bei Voraussetzung der entsprechenden gesetzlichen Vorschriften Rechtsmittel (Berufung, Revision oder Beschwerde) dagegen einlegen und den Prozess in der zweiten Instanz, in der Regel beim nächsthöheren Gericht, fortführen.

In zivilrechtlichen und strafrechtlichen Verfahren werden die Streitigkeiten vor dem Amtsgericht, dem Landgericht oder dem Oberlandesgericht geführt. Die Zuständigkeit des Gerichts der ersten Instanz richtet sich nach dem Gerichtsverfassungsgesetz (GVG) und hier nach dem Streitwert. Dies ist der Wert des Gegenstands, über den die Auseinandersetzung geführt wird.

Bei einem Streitwert bis zu 5 000 Euro ist das für den Gerichtsbezirk zuständige Amtsgericht anzurufen, ab einem Streitwert darüber das Landgericht, es sei denn, das Gerichtsverfassungsgesetz schreibt eine ausschließliche Zuständigkeit des Amtsgerichts oder des Landgerichts vor. So ist zum Beispiel das Amtsgericht ohne Rücksicht auf den Wert des Streitgegenstands bei Auseinandersetzungen über Ansprüche aus einem Mietverhältnis über Wohnraum oder bei Streitigkeiten aus dem Wohnungseigentumsgesetz § 43 WEMoG zuständig.

Urteile des Amtsgerichts werden in der Rechtsmittelinstanz beim Landgericht behandelt, die des Landgerichts beim Oberlandesgericht.

Die Anwaltsgebühren richten sich grundsätzlich nach dem Rechtsanwaltsvergütungsgesetz (RVG); in Verwaltungsrechtsstreitigkeiten werden häufig auch Honorarvereinbarungen abweichend vom RVG vereinbart. Für die Gerichtskosten ist das Gerichtskostengesetz einschlägig.

Was oft übersehen wird, sind die nicht bilanzierten sozialen Kosten. Sie beschreiben den persönlichen Zeitaufwand und die durch den Konflikt bedingte Ablenkung von anderen, nützlicheren Tätigkeiten. Auch wenn Sie anwaltlich vertreten sind, müssen Sie Termine wahrnehmen, Beweise sammeln und gegebenenfalls Gutachter einschalten. Es wird sich bezahlt machen, wenn Sie diese Kosten vermeiden oder wenigstens geringhalten, indem Sie zum Beispiel Doppelgutachten, Gegengutachten usw. vermeiden und die Sache nicht länger am Kochen halten, als unbedingt erforderlich ist.

Was bringen Rechtsschutzversicherungen?

Wenn Sie eine Rechtsschutzversicherung besitzen, übernimmt diese – unter Umständen abzüglich einer vereinbarten Selbstbeteiligung – die Kosten des Verfahrens (Gerichtsgebühren, Sachverständigenkosten und Rechtsanwaltskosten), im Falle des Unterliegens auch die dem Gegner dadurch entstandenen Kosten.

Der Vorteil einer Rechtsschutzversicherung macht sich bemerkbar, wenn es um die Sachverständigenkosten geht. Der Kläger könnte ohne eine Versicherung allein wegen der Kosten abgehalten sein, eine Tatsache gerichtlich überprüfen zu lassen.

Zunehmend ersetzen Rechtsschutzversicherungen auch die Kosten einer außergerichtlichen Mediation. Welche Kosten in einer Nachbarschaftssache Ihre Rechtsschutzversicherung übernimmt, sollten Sie vorher mit Ihrer Rechtsschutzversicherung abstimmen.

→ Rechtsschutzversicherungen

Aktuelle Informationen und Untersuchungen zu Rechtsschutzversicherern finden Sie unter www.test.de mit dem Suchbegriff „Rechtsschutzversicherung“.

Schiedsmann

Besonders in Nachbarschaftssachen hat der Gesetzgeber den Zugang zum Gericht erschwert, indem er den Versuch einer außergerichtlichen Klärung vorgeschrieben hat. Manche Angelegenheiten müssen also zunächst vor dem Schiedsmann verhandelt werden.

Gütestelle

Hinweise zum Schlichtungsverfahren durch eine Gütestelle finden Sie im Kapitel „Was tun, wenn die Nachbarn unerträglich sind?, Seite 64“.

Was sagen Recht und Justiz?

Die Eigentumsgarantie des Art. 14 Grundgesetz räumt den Eigentümern umfangreiche Rechte ein, mit ihrem Eigentum zu verfahren wie sie wollen. Dies führte zu Interessenkollisionen, die das Nachbarrecht auf privatem und öffentlichem Sektor lösen muss.

Mit dem Nachbarrecht sind daher alle Normen gekennzeichnet, die dieses Gemeinschaftsverhältnis regeln. Diese lassen sich grob in Normen des Zivilrechts (etwa die §§ 903, 906, 1004 etc. BGB) und Normen des öffentlichen Rechts (Immissionsschutz, Baurecht etc.) untergliedern. Es handelt sich dabei letztlich um Regelungen zur Ausgestaltung der gegenseitigen Rücksichtnahme und Duldung.

Dabei stehen privates und öffentliches Nachbarrecht grundsätzlich uneingeschränkt selbstständig und gleichrangig nebeneinander, sodass privatrechtliche Ansprüche allein nach privatem Recht und die öffentlich-rechtlichen Ansprüche allein nach öffentlichem Recht zu beurteilen sind. So vielfältig dabei die widerstreitenden Interessen der Einzelnen sind, so mannigfach sind auch die Regelungsgegenstände.

Ziviles Nachbarrecht

In diesem Kapitel werden die zivilrechtlichen Ansprüche und die zivilen Rechtsverhältnisse geschildert, in die Nachbarn verwickelt werden können.

Zivilrechtliche Auseinandersetzungen sind Streitigkeiten zwischen den Nachbarn, bei denen sich beide „gleichberechtigt" gegenüberstehen, im Gegensatz zu Auseinandersetzungen mit Behörden, bei denen üblicherweise ein „Über-Unterordnungsverhältnis" besteht, zum Beispiel die Behörde „ordnet an".

Was darf ein Grundstückseigentümer und was muss er dulden?

Einige Probleme haben wir bereits im Fallbeispiel „Der kommt mir nicht mehr auf mein Grundstück" (siehe Seite 16) beschrieben.

Einige Zeit später muss nun Anton Ausbesserungsarbeiten an seiner Garage vornehmen, wobei er auch deren Mauerwerk direkt an der Grenze zu Bruno hin neu verputzen muss. Er ist der Ansicht, dass er dazu ohne Weiteres das Grundstück von Bruno betreten und hierzu auch ein Gerüst aufstellen darf.

Bruno ist grundsätzlich dagegen, unter anderem auch wegen der bisherigen Auseinandersetzungen mit Anton.

Wie lässt sich der Fall am besten lösen? Es wäre schon rücksichtslos, wenn Anton die Baumaßnahmen plant und beginnt, ohne sich vorher mit Bruno abzustimmen. Auffällig wäre es auch, wenn Bruno die Aufstellung des Gerüsts nach einer gemeinsamen Besprechung verweigert. In beiden Fällen sollte die nachbarschaftliche Beziehung thematisiert werden.

Ob und wie das gelingt, hängt natürlich von der nachbarschaftlichen Beziehung selbst ab. Ist sie intakt, lässt sich darüber reden. Bei dem Gespräch sollten der Nutzen für jeden Nachbarn herausgestellt und Bedenken gegebenenfalls durch geeignete Vorsichtsmaßnahmen beseitigt werden. Ist das Verhältnis nicht intakt, sollte zunächst darüber gesprochen werden, wie man das in Zukunft verbessern kann.

Der Nutzen so einer Baumaßnahme kann übrigens ja auch darin bestehen, dass man wieder ins Gespräch kommt und Vertrauen aufbaut, um die nachbarschaftliche Beziehung zu verbessern. Es wird in Zukunft sicher Situationen geben, wo auch der Nachbar einmal auf Unterstützung angewiesen sein wird.

Gesetz und Recht:

- **Recht, das Betreten des eigenen Grundstücks zu verbieten**
  Gemäß § 903 BGB kann der Eigentümer einer Sache, soweit nicht das Gesetz oder Rechte Dritter entgegenstehen, mit dieser nach Belieben verfahren und andere von jeder Einwirkung ausschließen. Dies bedeutet: Anton und Bruno können es jeweils verbieten, dass andere ihr Grundstück betreten. Sie können sogar Strafanzeige wegen Hausfriedensbruchs erstatten, wenn andere dieses Verbot missachten. Bruno kann deshalb zum Schutze seines Grundstücks auch einen Zaun ziehen. Soweit dessen Ausführung ortsüblich ist und auch sonst keinen gesetzlichen oder örtlichen Vorschriften widerspricht, benötigt er dazu auch keine Baugenehmigung.
- **Hammerschlags- und Leiterrecht**
  Wie bereits erwähnt, kann der Eigentümer gemäß § 903 BGB verbieten, dass andere sein Grundstück betreten. Im Einzelfall, insbesondere bei Bau- und Instandhaltungsarbeiten, kann der Nachbar aber verlangen, dass er ein Betretungsrecht erhält, das sogenannte „Hammerschlags- und Leiterrecht". Die gesetzlichen Grundlagen hierzu beruhen auf dem nachbarschaftlichen Gemeinschaftsverhältnis und den jeweiligen Nachbarrechtsgesetzen der einzelnen Bundesländer, die hierzu teilweise unterschiedliche Regelungen enthalten. Es empfiehlt sich deshalb dringend, vor dem Betreten des Nachbargrundstücks und der Durchführung von Arbeiten die einzelnen Nachbarrechtsgesetze der Länder zu überprüfen.

Allen diesen Regelungen ist jedoch gemeinsam, dass das Hammerschlags- und Leiterrecht nur unter bestimmten besonderen Voraussetzungen besteht:

- Es muss sich um die Errichtung, Veränderung, Instandhaltung oder Beseitigung einer baulichen Anlage handeln, hierzu gehören auch Unterhaltsarbeiten zur Verhinderung eines Schadens oder Modernisierungsmaßnahmen. Reine Verschönerungsarbeiten oder sonstige Grundstücksunterhaltung, wie zum Beispiel Gartenpflege, zählen dazu nicht.
- Die Arbeiten dürfen nur vorübergehend sein.
- Sie müssen erforderlich sein, das heißt, nur so – oder anders nur mit unverhältnismäßig hohen Kosten – durchgeführt werden können.
- Sie müssen verhältnismäßig sein, das heißt, es darf nicht von vornherein abzusehen sein, dass auf dem Nachbargrundstück erhebliche Schäden entstehen (LG Detmold, 10 S 133/13),
- Gegebenenfalls erforderliche öffentlich-rechtliche Genehmigungen (zum

Beispiel Baugenehmigung) müssen bereits erteilt sein.
- Art und Dauer der Arbeiten müssen dem Nachbarn mit Frist von einem Monat, aus Nachweisgründen am besten schriftlich, auch angezeigt werden und dieser muss zugestimmt haben.

Persönliche Differenzen der beteiligten Nachbarn bleiben außer Acht (LG Duisburg, MDR 1958,514, LG Deggendorf, 1 S2/02, AG Ludwigsburg, DWW 2010,191).

Wie geht es weiter? Das Hammerschlags- und Leiterrecht muss schonend ausgeübt werden, es dürfen jedoch auch Gerüste oder sonstige Geräte aufgestellt werden.

Anton kann deshalb nicht ohne Weiteres das Grundstück von Bruno für seine Garagenarbeiten betreten, sondern er muss diese vorher ordnungsgemäß anzeigen. Antwortet Bruno auf die Anzeige nicht, so dürfen nach Ablauf der Monatsfrist die angezeigten Arbeiten beginnen. Verbietet Bruno ausdrücklich das Betreten seines Grundstücks, kann Anton Bruno nur auf Duldung verklagen, ein eigenmächtiges Betreten ist nicht zulässig, sondern kann die Strafanzeige wegen Hausfriedensbruchs nach sich ziehen.

In Notfällen wie zum Beispiel Brand, Überschwemmung oder ähnlichen Fällen darf gemäß § 904 BGB das Nachbargrundstück betreten werden, Anton muss aber beweisen, dass es sich tatsächlich um einen Notfall gehandelt hat, bei bereits länger bestehenden Schäden liegt kein Notfall vor.

Sind alle Eigentümer gleich? Anlage eines Gartens

Bruno will sein neues Grundstück nach seinem Geschmack gestalten. Er will einen festgemauerten Swimmingpool direkt an der Grenze zum Nachbarn Anton hin anlegen, den er in Eigenleistung in seiner Freizeit fertigstellen will.

Zur Nachbarin Christine hin will er teilweise eine Hecke und mehrere Obstbäume pflanzen, da an dieser Grundstücksseite schon einige Obstbäume stehen. Auch will er Kinderspielgeräte wie zum Beispiel eine Schaukel aufstellen.

Der Gartenzaun zum Grundstück von Christine hin, ein einfacher, niedriger, uralter Maschendrahtzaun, der teilweise allein auf dem Grundstück von Bruno steht, teilweise auch über die Grundstücksgrenze verläuft, gefällt ihm nicht, und er würde den Zaun am liebsten beseitigen. Da Christine aber hier nicht mit sich reden lässt, will Bruno davor auf seiner Seite einen höheren Holzflechtzaun setzen. Christine ist aber der Ansicht, dass dadurch der bisherige Zaun in seinem Erscheinungsbild und seiner Beschaffenheit verändert wird.

Daniel, ein Freund von Bruno, der im Erdgeschoss in einer Eigentumswohnanlage wohnt, will den zu seiner Wohnung gehörenden Garten ähnlich anlegen, auch will er nebenan entlang des Hauseingangswegs die alten Büsche entfernen und eine Rosenrabatte anlegen, die seiner Meinung nach besser zum Haus passt.

Bruno und Daniel machen gemeinsame Pläne und beginnen bereits mit Grabearbeiten und dem Kauf von Pflanzen und Materialien, als Nachbarin Christine von Bruno verlangt, den Holzflechtzaun wieder zu entfernen.

Und Daniel erhält vom Verwalter der Eigentumswohnanlage einen bösen Brief, in dem er aufgefordert wird, weitere Arbeiten zu unterlassen und sogar die alten Büsche entlang des Hauseingangswegs wieder einzupflanzen oder auf seine Kosten neu zu beschaffen.

Was ist hier los? Bruno und Daniel haben zwar den gleichen Ärger, sie haben jedoch unterschiedliche Rechte. Bruno ist Alleineigentümer seines Grundstücks, Daniel nicht. Er ist Mitglied einer Wohnungseigentümergemeinschaft und als solcher nicht Alleineigentümer des Gartens. Er hat daran nur einen Anteil in Höhe seiner Miteigentumsanteile (MEA).

Gesetz und Recht: Bruno ist Alleineigentümer seines Grundstücks und kann deshalb gemäß § 903 BGB dieses nach Belieben anlegen, soweit nicht gesetzliche Vorschriften oder die Rechte Dritter dagegenstehen.

Im Falle des Zauns zu Christine hin handelt es sich um eine Grenzeinrichtung im Sinne des § 921 BGB, die von Bruno und Christine gemeinsam genutzt wird. Es wird deshalb vermutet, dass der Zaun im Einverständnis beider Nachbarn errichtet worden ist, und er darf deshalb auch wiederum nur mit Zustimmung des Nachbarn verändert werden (BGH V ZR 42/17). Es wird vermutet, dass sich bei Errichtung des alten Maschendrahtzauns die beiden Nachbarn einig waren und deshalb gemeinsam beschlossen haben, dass nur ein Zaun in der jetzt vorhandenen Art und Ausführung errichtet wird.

Bruno kann auch nicht einwenden, dass er nun neuer Eigentümer des Grundstücks sei: Gemäß BGH ist er an die Vereinbarung zwischen seinem Verkäufer (Vorbesitzer) und Christine gebunden. Bruno darf deshalb ohne Zustimmung von Christine den Zaun weder verändern noch darf er dahinter einen zusätzlichen Zaun auf seinem Grundstück errichten.

Etwas anderes würde nur gelten, wenn Bruno nachweisen kann, dass der Zaun vor Jahren nicht einvernehmlich errichtet wurde. Dieser Nachweis wird ihm aber schwerlich gelingen. Bruno muss den Zaun deshalb so wie bisher belassen.

Daniel hingegen ist Mitglied einer Eigentümergemeinschaft, an der er nur Miteigentumsanteile hat, die in der Teilungserklärung festgelegt sind. Diese Teilungserklärung wird bei der Errichtung des Gebäudes vor einem Notar erstellt und darin ist festgelegt, wie viel Miteigentumsanteile jede Wohnung (Wohnungseigentum) oder jeder Gewerberaum beziehungsweise auch eine Garage (Teileigentum) hat. Üblicherweise wird das Gebäude in 1000 Miteigentumsanteile (MEA), größere Wohnanlagen auch in 100 000 MEA, aufgeteilt, und jeder Wohnung, jedem Gewerberaum und auch jeder Garage ein bestimmter Anteil an MEA zugewiesen. Die Berechnung dieser MEA ist gesetzlich nicht geregelt, gemäß herrschender Rechtsprechung richtet sie sich aber üblicherweise nach dem Verhältnis der Wohn- oder Nutzflächen zueinander, teilweise aber auch nach deren Werthaltigkeit (BGH V ZR 156/75; Bay ObLG 2 Z 124/91; 2 Z BR 80/99). Diese Teilungserklärung und die darin festgelegten MEA werden vom ursprünglichen Eigentümer, der das Grundstück aufteilt (zum Beispiel der Bauträger), erstellt und ins Grundbuch eingetragen. Sie können danach nur im Einverständnis aller Miteigentümer und nur unter ganz besonderen Bedingungen geändert werden, was dann auch wieder im Grundbuch eingetragen werden muss.

Diese MEA an Wohnungen oder sonstigen Raumeinheiten können dann auch als Alleineigentum verkauft werden und werden als „Sondereigentum" bezeichnet.

Sondereigentum wird gemäß § 3, Abs. 3 WEG nur eingeräumt, wenn die Wohnungen oder die sonstigen Räume in sich abgeschlossen, also baulich durch Wände, Decken und Böden von anderen Räumen getrennt, sind. Diese Abgeschlossenheit wird auch amtlich bestätigt und geprüft.

Daneben gibt es aber Gemeinschaftseigentum, das allen Wohneigentümern gemeinschaftlich gehört und das auch von allen benutzt wird, zum Beispiel Treppenhaus, Aufzug und Garten. Da ein Garten nicht durch Wände, Decken und Fußböden abgegrenzt werden kann, ist er zwingend Gemeinschaftseigentum.

Neben dem Sondereigentum können noch sogenannte „Sondernutzungsrechte" bestehen. Diese können an einzelnen Gebäudeteilen oder auch Gartenanteilen gebildet und den jeweiligen Wohnungen zur Sondernutzung zugeordnet werden. Durch diese Sondernutzungsrechte wird dem jeweiligen Eigentümer ein ausschließliches Nutzungs- und Gebrauchsrecht an diesen gemeinschaftlichen Flächen eingeräumt, wobei jedoch diese Nutzung durch die geltenden gesetzlichen Bestimmungen oder die Rechte Dritter beschränkt ist (Bay ObLG, 2 Z BR 167/98).

Die Rechte und Pflichten der Wohnungseigentümer waren bis Ende November 2020 im Wohnungseigentumsgesetz niedergelegt, seit 1. Dezember 2020 werden sie vom Wohnungseigentumsmodernisierungsgesetz (WEMoG) geregelt. Hinzu kommen dann noch spezielle Regelungen, die sich aus der Teilungserklärung oder/und der Gemeinschaftsordnung ergeben und ebenfalls entweder gar nicht oder nur in bestimmten Ausnahmefällen mit den Stimmen aller abgeändert werden können. Sie müssen auch, um späteren Käufern gegenüber wirksam zu sein, wieder im Grundbuch eingetragen sein.

→ Neues WEMoG

Zum 1.12.2020 wurde das bisherige WEG durch das neue „Gesetz zur Förderung der Elektromobilität und zur Modernisierung des Wohnungseigentumsgesetzes und zur Änderung von kosten- und grundbuchrechtlichen Vorschriften (Wohnungseigentumsmodernisierungsgesetz – WEMoG)" abgelöst. Daraus ergeben sich zu den bisherigen Regelungen zum Sondereigentum und zu den Sondernutzungsrechten keine Änderungen. Der Unterschied Gemeinschaftseigentum und Sondereigentum mit allen sich daraus ergebenden Rechten und Pflichten bleibt bestehen.

Unter bestimmten Voraussetzungen kann jedoch nun gemäß § 3 WEMoG bei der Neuerrichtung von Wohnungseigentum auch an Stellplätzen, Terrassen und Gartenanteilen ein echtes Sondereigentum begründet werden. Soweit bisher Sondernutzungsrechte bestanden, bleiben diese unverändert. In Zukunft muss aber bei Auseinandersetzungen über diese Grundstücksteile und der Geltendmachung daraus resultierender Rechte deshalb genauestens geprüft werden, ob nun daran Sondereigentum oder nur ein Sondernutzungsrecht am Gemeinschaftseigentum besteht.

Wird neues Wohnungseigentum errichtet, so kann an vor den Wohnungen befindlichen Gärten jetzt Sondereigentum begründet werden. Nach neuem Recht könnte dann Daniel gemäß § 20 WEMoG von den anderen Miteigentümern die Zustimmung zur Errichtung eines Gartenhauses verlangen, wenn er nicht seine Miteigentümer dadurch über das bei einem geordneten Zusammenleben unvermeidliche Maß hinaus beeinträchtigt. Auf keinen Fall darf seine bauliche Veränderung die Wohnanlage umgestalten oder andere Bewohner unbillig benachteiligen.

Leider wird oftmals die Bedeutung der Teilungserklärung und der Gemeinschaftsordnung, das „Gebetbuch" der Eigentümergemeinschaft, und deren Regelungen unterschätzt, was zu unliebsamen Auseinandersetzungen unter den Eigentümern führen kann, die bei einem Blick in diese Urkunden vermieden werden könnten.

Daniel hat zum Beispiel 87,32/1000stel MEA am Gemeinschaftseigentum erworben, verbunden mit dem Sondereigentum an der Wohnung im Erdgeschoss, der ein Sondernutzungsrecht an einem bestimmten Gartenteil der Wohnanlage direkt vor seiner Wohnung zugeordnet ist, das er auch über eine Tür direkt erreichen kann.

Zusätzlich hat er 1/1000stel MEA am Gemeinschaftseigentum erworben, verbunden mit einer genau bestimmten Garage, zum Beispiel Nr. 1. Dementsprechend hat er auch in Höhe von (87,32 + 1)/1000stel MEA Rechte und Pflichten in der Eigentümergemeinschaft und muss sich grundsätzlich auch in dieser Höhe an allen Kosten des Gemeinschaftseigentums beteiligen.

Gemäß den Bestimmungen des WEG (§ 18 Abs. 1 WEG) verwalten alle Eigentümer das gemeinschaftliche Eigentum zusammen. Dies erfolgt in der Regel durch Beschlüsse, die in einer Eigentümerversammlung gefasst und dann durch einen Verwalter ausgeführt werden. Dieser Verwalter muss darauf achten, dass die Bestimmungen der Teilungserklärung/Gemeinschaftsordnung und der Hausordnung eingehalten oder auch Instandhaltungsmaßnahmen eingeleitet und durchgeführt werden.

- **Gartengestaltung am Gemeinschaftseigentum**
  Die Rabatten entlang des Hauseingangs sind keinem der Miteigentümer zur alleinigen Nutzung zugeordnet und deshalb Gemeinschaftseigentum. Daniel kann deshalb nicht nach eigenem Belieben darüber entscheiden und diese nach eigenem Geschmack entfernen und durch andere ersetzen, die ihm persönlich gefallen. Er muss die Büsche belassen, auch wenn sie ihm selbst nicht gefallen. Wenn er die Büsche schon entfernt hat, muss er diese entweder wieder einpflanzen oder sogar auf seine Kosten neue der gleichen Gattung beschaffen und einsetzen. Er kann allenfalls zur nächsten Eigentümerversammlung einen Beschluss beantragen, dass die Büsche entfernt und durch die von ihm gewünschten Rosen ersetzt werden. Die Eigentümergemeinschaft beschließt dann mehrheitlich, ob dem Wunsch von Daniel gefolgt wird.
- **Gartengestaltung im Sondernutzungsrecht nach eigenem Belieben**
  Die vor seiner Wohnung im Erdgeschoss liegende Gartenfläche darf Daniel aufgrund des Sondernutzungsrechts exklusiv allein nutzen, obwohl er daran kein Alleineigentum hat.
  Dies bedeutet, Daniel darf den zu seiner Wohnung gehörenden Gartenanteil nutzen und auch pflegen und gestalten. Aber: Dort befindliche Pflanzen/Bäume, die prägend für das Gesamtbild der Wohnungseigentumsanlage sind, darf er nicht entfernen (OLG München 34 Wx 54/05; LG Lüneburg, 5 S 111/12)!
- **Sondernutzungsrecht von Gemeinschaftseigentum ist kein Baurecht**
  Daniel darf auch in „seinem" Garten nicht ohne Weiteres ein Gartenhaus errichten. Ein Sondernutzungsrecht ist kein Baurecht, da gemäß § 20 WEG bauliche Veränderungen nur mit Zustimmung aller davon betroffenen Wohnungseigentümer vorgenommen werden dürfen. Betroffen sind die übrigen

Miteigentümer, wenn sie das Gartenhaus von ihrer Wohnung aus oder beim Betreten des Hauseingangs sehen können. Daniel benötigt deshalb die Zustimmung der betroffenen Miteigentümer (BGH V ZR 25/13). Rankgerüste, Kinderspielgeräte oder auch kleine Kaninchengehege darf er im Garten jedoch aufstellen (Bay ObLG 2 ZR BR 152/97; OLG Köln, 16 Wx 58/05, Bielefeld-Christ-Sommer, Der Wohnungseigentümer, 10. Aufl. S. 138 f.). Wenn Daniel ab dem 01.11.2020 in einer neu ab diesem Zeitpunkt gegründeten Wohnungseigentümergemeinschaft eine Wohnung mit Gartenanteil erworben hat, und dieser Gartenanteil ist als Sondereigentum ausgewiesen, so kann er damit wie ein Alleineigentümer verfahren.

▸ Errichtung von Gartenhäusern bei Grundstücken im Alleineigentum

Bruno kann als Alleineigentümer ein Gartenhaus errichten, allerdings muss er die Bauvorschriften des Bundeslands beachten, die ab einer bestimmten Grundfläche oder einer bestimmten Größe des umbauten Raumes sogar eine Baugenehmigung erfordern. Und Gartenhäuser dürfen laut Definition keinen Aufenthaltsraum, kein Gästezimmer, keine Toilette, keine Heizung und keine Stromversorgung haben. Auch muss Bruno bei der Errichtung des Gartenhauses zum Nachbar hin Abstandsvorschriften einhalten, sodass er sich hier auf jeden Fall vorher bei der zuständigen Bauordnungsbehörde über die Zulässigkeit des geplanten Gartenhauses erkundigen sollte, gegebenenfalls damit sogar einen Architekten beauftragen sollte, da er sonst Gefahr läuft, das Gartenhaus wieder abreißen zu müssen.

▸ Errichtung eines Swimmingpools; Verbot, das Grundstück gefahrdrohend zu vertiefen

Bei der Errichtung seines Swimmingpools muss Bruno wiederum die Vorschriften der jeweiligen Landesbauordnung beachten, die meist ab einem Fassungsvermögen von hundert Kubikmeter ebenfalls eine Baugenehmigung vorsieht.

Wenn Bruno den Swimmingpool direkt an der Grenze zum Nachbarn hin anlegt, muss er bei den Bauarbeiten § 909 BGB beachten. Der besagt, dass ein Grundstück nicht so vertieft werden darf, dass der Boden des Nachbargrundstücks die erforderliche Stütze verliert. Bruno darf also nicht einfach zu graben beginnen, und immer, wenn er gerade Zeit hat, diese Arbeiten weiterführen, sondern er muss sofort durch entsprechende Stützmaßnahmen dafür sorgen, dass das Grundstück des Nachbarn an dieser Stelle nicht nachgibt, absackt oder sogar das Fundament von Gebäuden des Nachbarn beschädigt wird. Er muss sonst auf seine Kosten für die

Wiederherstellung der Standfestigkeit sorgen (BGH NJW-RR 08, 969) und auch sonstigen Schadenersatz leisten (§ 823, Abs. 2 BGB).

- **Abstandsvorschriften von Pflanzen, Verjährung von Ansprüchen des Nachbarn**
  Beim Pflanzen seiner Hecke muss Bruno auch Abstandsvorschriften einhalten, er darf die Sträucher also nicht direkt auf die Grenze pflanzen. Die Abstandsvorschriften sind von Bundesland zu Bundesland verschieden, sie richten sich nach den dort jeweils geltenden Nachbarrechtsgesetzen. In einigen Bundesländern wird zusätzlich nach der geplanten Höhe der Hecke unterschieden. So darf die Hecke dort bei einer Höhe bis maximal 1 Meter 25 Zentimeter von der Nachbargrenze entfernt angebaut werden. Andere verlangen eine grundsätzliche Entfernung von 50 Zentimeter zur Grenze bis zu einer unterschiedlichen Höhe von 1,50 Meter, 1,80 Meter oder 2 Meter. Höhere Hecken müssen weit größere Abstände einhalten. In Brandenburg beträgt der Pflichtabstand zum Beispiel ein Drittel der geplanten Wuchshöhe.
  Dieser Pflanzabstand gilt üblicherweise auch für einzelne Sträucher oder Bäume, wobei der Abstand ab der Mitte des Stammes gemessen wird, wo dieser aus dem Boden austritt. Bei Hecken ist die Mitte des am nächsten zur Grenze befindlichen Triebes maßgebend.
  Bei Grundstücken mit unterschiedlichem Geländeniveau ist bei Pflanzen auf dem tiefer liegenden Grundstück die Wuchshöhe vom Geländeniveau des Nachbargrundstücks aus zu messen, also nicht von der Austrittsstelle der Pflanze (BGH V ZR 2130/16).

→ Pflanzabstände sind Landesrecht

Vor dem Anpflanzen einer Hecke, eines Baumes oder Strauches sollte man sich unbedingt nach den Vorschriften des jeweiligen Bundeslands erkundigen, da sonst der Nachbar verlangen kann, dass die Hecke zurückversetzt oder wenigstens auf die gesetzlich zulässige Höhe zurückgeschnitten wird.

Sprechen Sie möglichst auch mit Ihrem Nachbarn, bevor Sie eine Pflanzung an der Grundstücksgrenze vornehmen, da dessen Grundstück möglicherweise im Laufe der Jahre dadurch zunehmend verdunkelt wird. Der Anspruch des Nachbarn auf Entfernung oder Kürzung der Pflanzen verjährt jedoch – in vielen Bundesländern nach fünf Jahren – ab dem Zeitpunkt, ab dem ersichtlich ist, dass die Pflanze, der Baum oder die Hecke die zulässige Höhe des einzuhaltenden Grenzabstands verletzt. In einigen Bundesländern beginnt die Verjährung ab dem Zeitpunkt, ab dem die Pflanzen gesetzt wurden. Wurde hinter einer dichten Einfriedung oder einer Mauer gepflanzt, kann die Verjährung auch erst beginnen, wenn die Pflanze über die Höhe der Einfriedung oder Mauer hinaus wächst, da sie ja dann erst vom Nachbarn aus sichtbar ist.

Die alten Obstbäume auf seinem Grundstück kann Bruno deshalb belassen, er muss nicht mehr befürchten, dass sein Nachbar deren Entfernung verlangt.

Auch muss die Pflanze oder die gesamte Hecke im Laufe der Jahre gepflegt werden. Dazu ist es unter Umständen auch nötig, das Grundstück des Nachbarn zu betreten. Wird die Pflanze oder Hecke vor einem Zaun oder einer Mauer gepflanzt, so muss die Pflege gegebenenfalls ausschließlich vom eigenen Grundstück aus erfolgen. Das kann dann bei Nichteinhaltung des Grenzabstands sehr beschwerlich sein.

▸ **Mieterrechte bei Gartenanlage und Vereinbarungen zu dessen Rückgabe bei Beendigung des Mietverhältnisses**
Die Vorschriften zu den Pflanzabständen sind auch von Mietern zu beachten. Zusätzlich müssen sie von ihrem Vermieter eine schriftliche Erlaubnis zu einer Bautätigkeit oder sonstigen Gartenanlagen oder Umgestaltungen einholen. In dieser Erlaubnis sollte dann auch bereits geregelt sein, wie der Garten bei Beendigung des Mietverhältnisses zurückzugeben ist. Darf das vom Mieter errichtete Gartenhaus belassen werden, ebenso alle Anlagen und die Umgestaltungen des Gartens sowie die darin vom Mieter eingebrachten Pflanzen? Ist der Vermieter bereit, hierfür sogar eine Art Ablöse zu bezahlen oder muss der alte Zustand wieder hergestellt werden, also auf Kosten des Mieters nicht nur das Gartenhaus und dessen Fundament abgebaut und restlos beseitigt, sondern sogar die vom Mieter eingesetzten Pflanzen entfernt werden, die dort ursprünglich vorhandenen Anpflanzungen wieder angebracht und neuer Rasen angesät werden? Da dies unter Umständen mit erheblichen Kosten verbunden ist, die der Mieter mit Sicherheit nicht gerne bezahlt, ist eine vorherige Regelung unbedingt zu empfehlen.

Wie geht es weiter? Beachtet der Mieter die Abstandsvorschriften nicht, so muss er die Pflanzen ebenso entfernen und von der Grenze zurückversetzen, wie bereits beschrieben, wenn noch keine Verjährung eingetreten ist.

Grenzverletzungen durch Überbau oder Wärmedämmung

Anton errichtet an der Grundstücksgrenze zu Bruno eine Garage. Bereits während des Baus stellt Bruno fest, dass die Garage nicht allein auf dem Grundstück von Anton errichtet wird, sondern auch auf Teilen seines Grundstücks. Bruno fordert Anton sofort auf, dafür zu sorgen, dass die Garage nur auf dessen eigenem Grundstück errichtet wird. Anton meint, sein Architekt hätte sich wohl etwas vermessen, wobei das Grundstück von Bruno ja nur durch einen Dachüberstand beeinträchtigt werde.

Wie lässt sich der Fall am besten lösen? Wie immer im Gespräch. Es gibt viele Optionen, die einen Rückbau vermeiden. Wenn eine einvernehmliche Regelung zwischen Anton und Bruno zustande kommt, sollte diese am besten in einem notariellen Vertrag festgeschrieben werden – unter anderem wegen einer eventuellen Überbaurente und des Unterhalts –, da diese ja oft jahrzehntelang gelten muss. Gibt es keine einvernehmliche Einigung, bleibt nur die Beauftragung eines Rechtsanwalts und notfalls der Gang zum Gericht.

Gesetz und Recht: Bei Bauten an der Grundstücksgrenze ist besonders darauf zu achten, dass durch das Gebäude keine Grenzverletzung entsteht. Gemäß § 912 BGB ist beim Bau eines Gebäudes über die Eigentumsgrenze hinweg dieser Überbau vom Nachbarn nur zu dulden, wenn dem Bauherrn dabei kein Vorsatz oder grobe Fahrlässigkeit zur Last gelegt werden kann und wenn der Nachbar nicht entweder vorher oder sofort nach der Grenzüberschreitung Widerspruch erhoben hat.

Das Versehen seines Architekten entschuldigt Anton hier aber nicht, er muss sich dieses Verschulden anrechnen lassen. Auch schon durch einen Dachvorsprung kann rechtlich gesehen ein Überbau entstehen; und Nachbar Bruno, der dem sofort widersprochen hat, kann dann auch dessen Beseitigung verlangen.

Liegt kein Vorsatz und keine grobe Fahrlässigkeit vor, so muss der Nachbar den Überbau allerdings dulden. Er hat dann jedoch das Recht, gemäß § 913 BGB eine Überbaurente zu verlangen, die jährlich im Voraus zu entrichten ist.

Unter einer Nachbarwand – oder Kommunmauer – versteht man eine auf der Grenze zwischen zwei Grundstücken errichtete Wand, die von beiden Nachbarn benutzt wird oder benutzt werden kann. Ein typischer Fall einer Kommunwand ist die Gebäudetrennwand zwischen Reihenhäusern oder Doppelhaushälften. Eine Grenzwand ist hingegen eine Wand, die direkt an der Grundstücksgrenze, aber nur auf einem Grundstück, errichtet wurde.

Eine zweite Option bietet sich an: Anton kann Bruno den überbauten Grundstücksteil gemäß §915 BGB auch abkaufen.

Wie geht es weiter? Wird an einem rechtmäßig errichteten Gebäude oder einer Grenzmauer oder Kommunmauer nachträglich eine Wärmedämmung angebracht, und entsteht nur dadurch ein Überbau, so muss dieser Überbau geduldet werden.

Aber Achtung: Wird ein Gebäude direkt an der Grenze neu errichtet, so muss der Bauherr darauf achten, dass auf dem eigenen Grundstück ausreichend Platz auch für die Wärmedämmung und den Putz verbleibt, diesen Überbau bei der Neuerrichtung des Gebäudes muss der Nachbar nicht dulden (BGH V ZR 19/16).

▸ **Rechte des Nachbarn bei Nichteinhaltung von Abstandsvorschriften**
Stellt der Nachbar fest, dass bei der Anpflanzung der gesetzliche Mindestabstand nicht eingehalten ist, so darf er nicht von sich aus das andere Grundstück betreten und die Pflanzen herausreißen. Er macht sich dadurch des Hausfriedensbruchs und der Sachbeschädigung schuldig.
In vielen Fällen wird er mündlich auf die Abstandsvorschriften und deren Einhaltung hinweisen und dieser Hinweis genügt dann bei guter Nachbarschaft auch.
Wird der mündlichen Aufforderung und einem folgenden formlosen Brief, in dem um Vornahme der Arbeiten innerhalb einer bestimmten Frist gebeten wird, jedoch nicht gefolgt, so müssen die Ansprüche auf Entfernung der Pflanzen oder Rückschnitt gerichtlich geltend gemacht werden. Wegen der drohenden Verjährung dieser Ansprüche müssen diese dann aber dringend sofort reklamiert werden, sobald eine Verletzung des Grenzabstands oder der Höhe der Pflanze(n) festgestellt wird.
Ebenso muss, nachdem die Grenzüberschreitung bei der Errichtung eines Gebäudes erkennbar wird, dieser sofort widersprochen werden, damit die Beseitigung des Überbaus ohne erhebliche Zerstörung möglich ist. Der Widerspruch an den überbauenden Nachbarn ist formfrei, sollte jedoch auch aus Beweisgründen schriftlich erfolgen. Wird dem Widerspruch nicht Folge geleistet und der Überbau nicht beseitigt, so muss Klage erhoben werden.

→ Häuser in der Kleingartenkolonie

In einer Kleingartenkolonie dürfen gemäß dem Bundeskleingartengesetz (BKleinG) Gartenhäuser einschließlich der überdachten Freisitze nur 24 Quadratmeter Grundfläche haben. Die

Pflanzen ohne Grenzen
Ein Klassiker beim Nachbarstreit: Wem gehören die Früchte an Ästen, die in Nachbars Garten ragen?

Gartengestaltung ist in der jeweiligen Satzung der Gartenkolonie sehr streng geregelt und wird häufig auch kontrolliert. Zuwiderhandlungen können sogar zum Ausschluss führen. Der Betreffende muss dann nicht nur seinen Garten aufgeben, sondern hat dann auch noch das Problem, wie er das nicht genehmigte Gartenhaus abbaut und wo er gegebenenfalls die Materialien lagert.

Hohe Gärtnerkunst gegen übergriffige Naturliebhaber

Rentner Günther pflegt seinen Garten penibel: Er mäht häufig den Rasen, jätet ständig Unkraut und schneidet Bäume und Sträucher regelmäßig in Form.

Familie Lässig macht sich die Gartenpflege einfacher und unterhält eher einen Naturgarten, in dem sich auch nicht bewusst eingebrachte Pflanzen ansiedeln, deren Samen auch zu Günther hinüberfliegen und dort aufgehen.

Zur Grenze von Günther hin haben Lässigs nicht nur – unter Einhaltung der Abstandsvorschriften – eine Hecke gepflanzt, sondern auch Bambus, der wild zu Günther hinüberwuchert. Und die Äste ihrer Bäume wachsen regelmäßig über den Zaun zu Günthers Grundstück hin. Auch die Wurzeln eines Baumes sind schon so weit zu Günther hinübergewachsen, dass dort Platten des Gehwegs angehoben werden.

Zusätzlich haben Lässigs direkt an der Grundstücksgrenze einen stinkenden Komposthaufen angelegt, den Günther von seiner Terrasse aus sieht und der ihm bei entsprechender Windrichtung das Sitzen auf der Terrasse unmöglich macht.

Dornige Himbeerranken dringen neben dem Bambus ebenfalls durch den Zaun. Und die von den Obstbäumen in Lässigs Garten herabfallenden Früchte verunreinigen nicht nur den sauber manikürten Rasen, sondern ziehen auch Wespen an.

Um Abhilfe zu schaffen, schneidet Günther deshalb die übergriffigen Himbeerranken und den invasiven Bambus von sich aus zurück, und pflückt das Obst von den überhängenden Zweigen, bevor es auf seinen Rasen fällt. Das Fallobst wirft er in den Garten der Lässigs zurück, die guten Früchte behält er. Dies ärgert die Lässigs, weil die Früchte auf der Seite von Günthers Grundstück die schönsten sind.

Lässigs stören sich dagegen an den „spießigen" Gartenzwergen, die Günther direkt an seinem Grundstückseingang aufgestellt hat und die Lässigs deshalb von ihrer Terrasse aus ständig im Blick haben. Lässigs stellen deshalb ihrerseits Gartenzwerge auf, einer zeigt einen gestreckten Mittelfinger, ein anderer zeigt sein entblößtes Hinterteil. Als Günther mit Strafanzeige wegen Beleidigung droht, stellen Lässigs einen Zwerg auf, der den Mittelfinger verbunden hat und in der anderen Hand eine Blume.

Gesetz und Recht:

- **Gartengestaltung nach eigenem Geschmack**
  Gemäß § 903 BGB kann jeder seinen Garten nach eigenem Geschmack gestalten. Dies bedeutet: Auch die „Anlage" eines Naturgartens ist zulässig. Selbst Mieter können nicht zu mehr als einfachen Gartenarbeiten verpflichtet werden, wenn nicht im Mietvertrag eine explizite Vereinbarung über die Gartenpflege und deren Umfang enthalten ist. Sie dürfen den Garten nur nicht verwahrlosen lassen (LG Braunschweig, WuM 2009,486; OLG Düsseldorf, WuM 2004,603).
- **Samenflug, Blüten, Laub, Zuführung von „unwägbaren Stoffen"**
  Auf das Nachbargrundstück fliegende Samen, Blüten oder Laub müssen üblicherweise hingenommen werden. § 906 BGB besagt, dass die Zuführung von unwägbaren Stoffen wie zum Beispiel Gase, Dämpfe, Gerüche oder sonstige Einwirkungen wie Samen, Blüten, Nadelflug, Laub und Ähnliches vom Nachbargrundstück aus hingenommen werden muss, wenn dies ortsüblich und nicht oder nur unwesentlich beeinträchtigend ist. Bei Wohn- und Gartengrundstücken ist es üblich, dass sich dort blühende Pflanzen oder auch Bäume in den Gärten befinden, von denen aus zu den jeweiligen Jahreszeiten Pollen, Samen und auch Laub produziert werden, die vom Wind in die Nachbargärten geweht werden können.
  Bei der Wesentlichkeit der Benutzungsbeeinträchtigung wird vom Empfinden eines verständigen Durchschnittsbenutzers des betroffenen Grundstücks ausgegangen, wie auch Umweltbewusstsein oder das allgemeine öffentliche Interesse eine Rolle spielen kann (BGH NJW 99,356, NJW 04,1037).

Lediglich in Ausnahmefällen kann Günther verlangen, dass Lässigs dafür sorgen, dass diese „unwägbaren" Stoffe nicht mehr auf sein Grundstück fliegen. Dies wäre zum Beispiel der Fall, wenn das Laub von Bäumen stammt, die unter Missachtung der Abstandsgrenze gepflanzt wurden, deren Entfernung oder Rückschnitt aber aufgrund Verjährung nicht mehr verlangt werden kann (BGH NJW 04, 1037).

▸ **Anlage eines Komposthaufens**
Die Anlage eines Komposthaufens ist ebenfalls grundsätzlich zulässig (AG Regensburg, 7C 1956/83; AG Hersbruck 9 C 1635/96). Allerdings muss dieser so angelegt sein und auch richtig befüllt werden, dass keine Schädlinge angezogen werden (OLG Stuttgart, S474/09) oder dadurch erhebliche Geruchsbelästigungen entstehen. So kann dann sogar verlangt werden, dass der Komposthaufen bei einem entsprechend großen Grundstück nicht direkt an die Grenze vor die Terrasse des Nachbarn gebaut, sondern an einen anderen Ort im Grundstück versetzt wird (LG München, 23 O 14452/86).

▸ **Wurzeln und Zweige**
Vom Nachbargrundstück eingedrungene Wurzeln von Bäumen oder Sträuchern kann Günther gemäß § 910 BGB zurückschneiden, ebenso herüberwachsende Zweige von Bäumen, Sträuchern, Stauden, Ranken oder sogar Unkraut, wenn die Wurzeln oder die Zweige die Benutzung seines Grundstücks beeinträchtigen. Ist dies nicht der Fall, so muss Günther dies hinnehmen. Die Äste, Zweige und Ranken darf Günther gemäß § 910 Abs. 1 Satz 2 BGB aber erst dann selbst zurückschneiden, wenn er Lässigs eine angemessene Frist zum Rückschnitt gesetzt hat, wobei er dabei die Wachstums- oder Erntezeit oder auch öffentlich-rechtliche Vorschriften, zum Beispiel örtliche Baumschutzverordnungen, beachten muss. Erst wenn Lässigs diese Frist verstreichen lassen, kann Günther den Rückschnitt durchführen. Das Schnittgut darf er behalten. Die Wurzeln haben hier aber schon Gehwegplatten angehoben, sodass Günther zu deren Rückschnitt berechtigt war. Er hat sogar gegenüber Familie Lässig einen Anspruch, die Kosten der Schadensbeseitigung zu erstatten, und auch darauf, dass Lässigs dafür sorgen, dass die Wurzeln auch in Zukunft nicht mehr in sein Grundstück wachsen (BGH V ZR 98/3, NJW 2004, 1035). Die Kosten des Rückschnitts oder der Wurzelbeseitigung muss Familie Lässig tragen, wenn Günther dazu berechtigt war (BGH V ZR 99/03 NJW 04,603).

▸ **Überfall von Früchten**
Von den Bäumen oder Sträuchern von Lässigs auf das Grundstück von Günther gefallene Früchte darf Günther gemäß § 911 BGB behalten. Faules Fallobst

darf er jedoch nicht in den Garten der Lässigs zurückwerfen, selbst wenn dieses Insekten anzieht.
Er darf das Obst oder die Früchte aber nicht selbst pflücken oder herabschütteln, da diese Eigentum der Lässigs sind, solange sie sich noch an der Pflanze befinden. Er macht sich dadurch unter Umständen sogar schadenersatzpflichtig gegenüber den Lässigs. Familie Lässig kann das „Obst-Problem" vermeiden, indem sie regelmäßig die Äste und Zweige ihrer Bäume und Sträucher bis zu ihrer Grundstücksgrenze zurückschneidet, sodass diese nicht mehr in das Grundstück von Günther ragen.

- **Aufstellen von Gartenzwergen oder sonstiger Gartendekoration**
  Jeder darf in seinem Garten Gartenzwerge oder andere Gartendekorationsstücke aufstellen, selbst wenn diese vom Nachbarn als kitschig oder sonst wie unästhetisch empfunden werden, weil der andere Interessen oder Vorlieben hat. So darf auch ein Fangartenzwerg eines Fußballvereins aufgestellt werden (AG München, 481 C 793/17).
- **Keine beleidigende Gartendekoration**
  Günther muss jedoch nicht dulden, durch diese Gartendekoration der Lässigs beleidigt zu werden (AG Grünstadt, NJW 95,889). Er kann deshalb sogar Strafanzeige wegen Beleidigung stellen und von Familie Lässig verlangen, dass diese ihre Zwerge entfernt und weitere Beleidigungen unterlässt. Eine beleidigende Wirkung ist aber beim Zwerg mit dem verbundenen Mittelfinger nicht mehr gegeben, sodass dieser bleiben kann (AG Elze 4 C 201/99).
- **Gartenzwerge in der Wohnungseigentümergemeinschaft**
  Ebenso dürfen in einer Wohnungseigentumsanlage Gartenzwerge oder andere (nicht beleidigende) Gartendekoration im mit Sondernutzungsrecht zugewiesenen Gartenteil aufgestellt werden, im Gemeinschaftsgarten oder auch auf sonstigem Gemeinschaftseigentum wie dem Dach ist dies nicht zulässig (OLG Hamburg, 2 W 7/87). Hier ist wiederum das Miteigentum der anderen Mitglieder der Eigentümergemeinschaft zu beachten. Keiner darf sich hier Sonderrechte herausnehmen.
- **Dekoration und Türen im gemeinschaftlichen Treppenhaus**
  Gleiches gilt auch für Bilderschmuck im gemeinschaftlichen Treppenhaus (LG Hamburg, 20 T 17/89). Eine befristete Dekoration der Wohnungseingangstür außen im Treppenhaus zum Beispiel an Ostern oder Weihnachten muss von den anderen Parteien aber geduldet werden (LG Düsseldorf 25 T 500/89).

Hat man denn nirgends seine Ruhe?

Nachbarn sind sich nahe, oft Wand an Wand. Kein Wunder, dass Lärmbelästigungen die häufigsten Ursachen von Streitigkeiten sind. Aber auch der Sportverein nebenan und das jährliche Straßenfest können lästig werden.

Während bei Lärmquellen, die von einem Grundstück ausgehen, zivilrechtliche Abwehransprüche wiederum gemäß § 906 in Verbindung mit § 1004 BGB gegeben sind, bestehen Abwehransprüche aus zwischenmenschlichem Verhalten meist nur aus dem nachbarschaftlichen Gemeinschaftsverhältnis gemäß § 242 in Verbindung mit § 1004 BGB.

Von überall her nur noch Lärm

Daniela hat in ihrem Garten einen Teich angelegt und darin ein paar Frösche ausgesetzt. Aus dem anliegenden See haben sich jedoch im Laufe der Zeit noch weitere Frösche angesiedelt. Das abendliche Quaken der Tiere ist so laut, dass Horst es auf seiner Terrasse deutlich hören kann und er dadurch vor allem nachts gestört wird. Zusätzlich bellt der Hund von Daniela stundenlang, sodass Horst auch hierdurch vor allem in seiner Mittagsruhe gestört wird. Auch die Gartenarbeiten von Danielas Partner, der oft „zu den unmöglichsten Zeiten" den Rasen mäht oder auch mit dem Laubbläser arbeitet, stören Horst. Horst beheizt dagegen seinen Neubau ökologisch bewusst mithilfe einer Wärmepumpe, die er wegen der dabei entstehenden Geräusche in der Nähe zur Grundstücksgrenze installiert hat. Beim Betrieb der Pumpe entsteht ein tieffrequentes Geräusch, das wiederum Daniela vor allem nachts sehr stört.

Zusätzlich hat Horst noch festgestellt, dass er morgens in aller Frühe durch einen Hahn aus einem Garten in der Nachbarschaft geweckt wird und die Glocken der in der Nähe befindlichen Kirche vor allem am Sonntagmorgen sehr laut läuten, wenn er noch schlafen will. Auch die Geräusche vom benachbarten Sportplatz stören ihn gewaltig in seinem Ruhebedürfnis.

Wie lässt sich der Fall am besten lösen? Wenn der Fokus einmal auf ein Problem gelenkt ist, wird man es kaum noch los. Das ist ähnlich wie der Ohrstöpsel. Man steckt sich Ohrstöpsel ins Ohr und achtet nur noch darauf, ob man etwas hört oder nicht. Der Fokus ist immer noch auf den

Lärmende Laubbläser
Da die Geräte erheblichen Lärm verursachen, sind die Nutzungszeiten zeitlich eingeschränkt. Erkundiegen Sie sich zunächst bei Ihrer Gemeinde- oder Stadtverwaltung danach.

Lärm gerichtet. Nichtsdestotrotz kann man zunächst mit Hilfsmitteln versuchen, das Problem zu minimieren.

Die Belästigungen durch Kirche und Sportplatz, denen sich Horst ausgesetzt fühlt, ziehen Kreise, die für ein Gespräch schon fast eine Bürgerversammlung erfordern. Es gibt eine verbreitete Empfehlung, die in solchen Fällen vorschlägt, individuelle Gespräche mit Nachbarn zu führen, die ein Einsehen mit seinen Leiden haben können. Dann steht Horst nicht mehr so allein da, wenn das Thema tatsächlich in einem größeren Forum wie einer Bürgerversammlung angesprochen wird.

Direkte Nachbarn können und sollen natürlich auch unmittelbar angesprochen werden. Es mag ein Trost sein, dass Daniela selbst auch das Gequake in ihrem Teich ertragen muss. Vielleicht interessiert sie sich ja sogar für Lösungsvorschläge. Einen Gesprächsversuch ist es in jedem Fall wert.

Gesetz und Recht:

- **Lärm muss wesentliche Beeinträchtigung sein**
  Gemäß § 906 BGB muss der Eigentümer eines Grundstücks auch Geräusche, die von einem anderen Grundstück kommen, hinnehmen, wenn dadurch die Benutzung seines Grundstücks nicht oder nur unwesentlich beeinträchtigt wird. Eine unwesentliche Beeinträchtigung liegt in der Regel vor, wenn die in Gesetzen, Rechtsverordnungen oder Verwaltungsvorschriften nach dem Bundesimmissionsschutzgesetz festgelegten Grenz- oder Richtwerte nicht überschritten werden und den Stand der Technik wiedergeben.
- **Geräusche durch wild lebende Tierarten, Frösche, Geräusche durch Tierhaltung**
  Geräusche durch wild lebende Tierarten, vor allem Frösche, sind grundsätz-

lich hinzunehmen. Dies gilt auch bei künstlich angelegten Teichen (BGH, V ZR 82/91), da Frösche dem Naturschutz unterliegen. Übermäßiger Lärm muss jedoch nicht geduldet werden, sodass die zuständige Naturschutzbehörde auf Antrag eine Trockenlegung des Teiches oder eine Entfernung der Frösche anordnen kann (BGH am angegebenen Ort). Der Antrag erfolgt formlos, aber schriftlich. Er muss die Beschwerde/Störung enthalten, mit der Bitte, die Angelegenheit zu überprüfen. Zuständig ist die untere Naturschutzbehörde, meist beim örtlichen Landratsamt.

Bei der Haltung von Haustieren muss der Tierhalter darauf achten, dass die Nachbarn nicht durch ständige Tiergeräusche gestört werden. Generell gilt, dass der Halter des Tieres darauf achten muss, dass ruhestörende Tiergeräusche nachts von 22.00 Uhr bis 6.00 Uhr früh und mittags zwischen 12.00 Uhr und 14.00 Uhr beziehungsweise 13.00 Uhr und 15.00 Uhr unterbleiben.

Zusätzlich dürfen die Geräusche auch nicht stundenlang andauern. Dies bedeutet, dass Hunde im Garten insgesamt nicht länger als 30 Minuten und ununterbrochen maximal 10–15 Minuten bellen dürfen (OLG Köln 12 U 40/93). Dies gilt auch, wenn Hunde draußen in einem Zwinger gehalten werden, wobei hier entschieden wurde, dass das Bellen tagsüber insgesamt nur 60 Minuten dauern darf (OVerwG Sachsen, 3 B 87/17). Auch Wachhunde dürfen nicht über mehrere Stunden bellen (OLG Düsseldorf, WuM 90,400; AG Hannover ZMR 65,223, OLG Hamm, WuM 90,123), gelegentliches Bellen ist aber hinzunehmen (AG Hamburg-Wandsbek WuM 91,94).

▸ Hühner, Kuhglocken, Vogelgezwitscher in der Wohnung

Das Krähen von Hühnern beziehungsweise den Hähnen unterliegt in der Regel den gleichen örtlichen Ruhezeiten (LG München, 30 O 1123/87), allerdings dort nicht, wo die Hühnerhaltung ortsüblich ist (LG Kleve, 6 S 311/88). Bei Tierhaltung im Freien und den dadurch entstehenden Geräuschen kommt es deshalb auch besonders auf die Ortsüblichkeit an, weshalb zum Beispiel in landwirtschaftlichen Gegenden das Geräusch von Kuhglocken häufig hingenommen werden muss (OLG München, 15 U 138/18).

Ebenso muss das überlaute Zwitschern von Vögeln in der Wohnung nicht hingenommen werden (OLG Düsseldorf, 5 Ss OWI 476/89 zu Papageien). Lärm von Vögeln – und hier wieder besonders von Papageien in Außenvolieren – muss auch nur kurze Zeit geduldet werden (AG Hannover 16 S 44/08: 2 Stunden), (LG Zwickau, 6 S 388/00: 1 Stunde) und (LG Nürnberg-Fürth 11 S 8784/96: von

9.00 Uhr bis 12.00 Uhr und 16.00 Uhr bis 17.00 Uhr).

- **Kirchenglocken, Geräusche durch Sport im Freien**
  Kirchenglockenläuten muss hingenommen werden, da ein Grundrecht auf freie Religionsausübung besteht und in dessen Rahmen die Gläubigen auch zum gemeinsamen Gebet in der Kirche gerufen werden dürfen (BVerwG , NJW 84, 989; VG Hessen 12 Anton 389/04; VG Stuttgart, 11 K 1705/10).
  Gleichfalls sind Geräusche durch Sport im Freien, vor allem durch Fußball oder Tennis, hinzunehmen, wenn die in der Sportanlagen-Lärmschutzverordnung (Salvo) zulässigen Dezibel nicht überschritten werden.
- **Allgemeine Ruhezeiten, Betrieb von Gartengeräten**
  Die im Rahmen des Bundesimmissionsschutzgesetzes erlassene Maschinenlärmschutzverordnung schreibt vor, dass Gartengeräte eine bestimmte Dezibelzahl (65 dB) nicht überschreiten dürfen. Darüber hinaus gibt es in Deutschland keine allgemein üblichen Ruhezeiten oder Vorschriften hierzu, während derer laute Geräte nicht betrieben werden dürfen. Viele Gemeinden haben aber Verordnungen über die Vermeidung von Ruhestörungen erlassen und sind dazu durch die jeweiligen Landesgesetze ermächtigt. Als allgemein übliche Ruhezeiten gelten die Nachtzeiten von 22.00 Uhr bis 7.00 Uhr früh, auch ist die Mittagsruhe zwischen 12.00 Uhr und 14.00 Uhr beziehungsweise zwischen 13.00 Uhr und 15.00 Uhr zu beachten. An Sonn- und Feiertagen sind ruhestörende Arbeiten insgesamt nicht erlaubt.
  Horst kann deshalb darauf bestehen, dass Daniela oder ihr Mann die Gartengeräte nur außerhalb dieser Ruhezeiten betreibt.
- **Ruhestörungen durch Wärmepumpen**
  Wärmepumpen erzeugen im Betrieb tieffrequente Geräusche, die von Menschen deutlich wahrgenommen und als besonders störend empfunden werden. Bei der Installation derartiger Anlagen müssen deshalb die gesetzlichen Mindestabstandsvorschriften eingehalten werden. Auch können die von den Herstellern angegebenen Durchschnittswerte von 50 dB in Einzelfällen tagsüber deutlich überschritten werden und nachts deutlich über 35 dB liegen, was schon bei geringfügiger Überschreitung unzumutbar sein kann (OVG NRW 11 A 2428/89).
  Bei derartigen Lärmbelästigungen besteht deshalb auch ein Unterlassungsanspruch, weshalb Daniela von Horst Abhilfe und Unterlassung der Ruhestörung durch die Wärmepumpe verlangen kann.

Wie geht es weiter? Sollte ein persönliches Gespräch oder ein direktes Schreiben an den Störer nicht erfolgreich sein, ist entweder die Ordnungsbehörde bei der Stadt oder beim zuständigen Landratsamt zu verständigen oder ein Rechtsanwalt mit der Vertretung zu beauftragen.

Immer dieser Kinderlärm in der Wohnung!

In der Eigentumswohnanlage, in der Dieter wohnt, leben auch viele Kinder. Über Dieter wohnt eine Familie mit mehreren Kindern, die noch nicht schulpflichtig sind und deshalb von früh bis spät, oft bis 22.00 Uhr, in der Wohnung lärmen. Dieter hört ständig Geschrei von Streitereien, Türenschlagen, Herumtrampeln und Hüpfen. Auch fahren die Kinder in der Wohnung mit Bobbycars, Rädern und Ähnlichem. Dabei stoßen sie immer wieder an Türen und Wände, sodass bei Dieter regelmäßig die Lampen an den Decken wackeln. Nun hat die Familie auch noch weiteren Zuwachs bekommen, das Baby schreit öfter nachts und weint, sodass Dieter überhaupt keine Ruhe mehr findet.

Wie lässt sich der Fall am besten lösen? Abgesehen von der verstärkten Rücksichtnahme durch die Nachbarsfamilie könnte Dieter es zumindest zeitweise mit einem modernen Kopfhörer mit ANC (Active Noise Cancellation) probieren. Dieser sorgt durch ein aktives System zur Löschung der störenden Frequenzen für Ruhe.

Gesetz und Recht:

- **Kinderlärm im Haus**
  Kinderlärm in einem Mehrfamilienhaus ist grundsätzlich als sozialadäquat hinzunehmen (BGH WuM 2015, 478; 2017, 587). Dies besagt auch § 22 Abs. 1a BImSchG explizit für Geräuscheinwirkungen, die von Kindertageseinrichtungen, Kinderspielplätzen und ähnlichen Einrichtungen wie Ballspielplätzen durch Kinder hervorgerufen werden. Selbst gelegentlich intensiver Kinderlärm ist hinzunehmen (OLG Düsseldorf, WuM 97,221, LG Wuppertal WuM 2008, 563 AG Frankfurt, WuM 2005,764, LG Berlin 63 S 303/17).
- **Kinderlärm ist nicht immer zu erdulden**
  Kinderlärm ist jedoch nicht in jedem Fall hinzunehmen. Während der allgemeinen Ruhezeiten darf Kinderlärm nicht zu unzumutbaren Störungen anderer Hausbewohner führen. Hier ist es den Eltern zuzumuten, auch beruhigend auf die Kinder einzuwirken (OLG Düsseldorf, WuM 97,221).
- **Babyschreien**
  Das Schreien von Babys ist davon ausgenommen, da Babys keine Uhrzeit kennen und deshalb auch nicht auf die allgemeinen Ruhezeiten verwiesen werden können. Babyschreien ist deshalb übliches kindgemäßes Verhalten, das akzeptiert werden muss, insbesondere auch, weil es nur vorübergehend ist.

Wie geht es weiter? Dieter sollte versuchen, mit der betreffenden Familie ein klärendes Gespräch zu führen oder dieser einen Beschwerdebrief schreiben. Tritt keine Besserung ein, so ist eine schriftliche Beschwerde an den Vermieter oder den Verwalter der Wohnungseigentümergemeinschaft zu senden, notfalls auch Unterlassungsklage vor Gericht zu erheben, soweit der Kinderlärm nicht geduldet werden muss.

Kinderlärm im Freien

Im Sommer spielen viele Kinder des Hauses entweder in den benachbarten Gärten oder auf dem zur Wohnanlage gehörenden Kinderspielplatz. Durch das Herumtoben, die Geräusche von Ballspielen, das Hüpfen und Schreien wird Dieter ebenfalls genervt.

Wie lässt sich der Fall am besten lösen? Dieter sollte auch hier versuchen, mit den Kindern oder deren Eltern ein klärendes Gespräch zu führen oder diesen einen Beschwerdebrief schreiben. Tritt keine Besserung ein, so ist eine schriftliche Beschwerde an den Vermieter oder den Verwalter der Wohnungseigentümergemeinschaft zu senden, notfalls auch Unterlassungsklage vor Gericht zu erheben, soweit der Kinderlärm nicht geduldet werden muss.

Gesetz und Recht: Auch außerhalb der eigenen Wohnung sind die Eltern für die Kinder verantwortlich und haben die Einhaltung der Ruhezeiten zu beachten (BGH WuM 86,340). Das Spielen im Treppenhaus oder im Keller, Rollschuhfahren, Fahrradfahren oder dauerndes Aufzugfahren als Spiel ist auch nicht zulässig.

Ruhestörungen im Haus

Ein anderer neu zugezogener Mitbewohner im Mehrfamilienhaus von Dieter ist begeisterter Heimwerker, der sogar seine Möbel selbst herstellen will. Nachdem er Freitagmittag im Heimwerkermarkt Holz gekauft und dieses in seine Wohnung im dritten Obergeschoss getragen hat, beginnt er sofort mit den Arbeiten. Er sägt und hämmert den ganzen restlichen Tag über bis tief in die Nacht. Er will auch das gesamte Wochenende durcharbeiten, um dann die Restarbeiten an den folgenden Abenden erledigen zu können. Schließlich will er möglichst schnell mit der Einrichtung fertig werden. Der Lärm der Säge, das Hämmern und das Dröhnen der Bohrmaschine sind im ganzen Haus zu hören. Am Samstagmorgen beginnt er schon vor 7.00 Uhr früh mit den Arbeiten und ist erstaunt, dass sich Dieter wenige Minuten später bei ihm über den Lärm beschwert. Der neue Mitbewohner meint, Dieter solle sich nicht so aufregen, und arbeitet weiter. Dieter fordert ihn nochmals auf, die in der Hausordnung vorgeschriebenen und auch in der Gemeinde festgelegten Ruhezeiten zu beachten.

Was ist Zimmerlautstärke? Gemäß einem Urteil des AG Dieburg, 20 C 607/16, ist bereits ab 20.00 Uhr Zimmerlautstärke einzuhalten. Zimmerlautstärke ist Lärm, der außerhalb der geschlossenen Wohnung nicht mehr oder kaum noch vom Nachbarn zu hören ist. Dies sind gemäß der herrschenden Rechtsprechung im Raum, wo der Lärm wahrgenommen wird, 40 dB(A) tagsüber und 30 dB(A) nachts. Die Messungen erfolgen durch einen Gutachter, der notfalls vom Gericht bestellt wird.

Gesetz und Recht:

▸ Ruhestörende Geräte, Heimwerker, Ruhezeiten, Hausordnungen, Zimmerlautstärke

Außer den Bestimmungen im Bundesimmissionsschutzgesetz gibt es in Deutschland keine allgemein üblichen Ruhezeiten oder Vorschriften zum Betrieb von lauten Geräten. Viele Gemeinden haben aber Verordnungen über die Vermeidung von Ruhestörungen erlassen. Sie sind dazu durch die jeweiligen Landesgesetze ermächtigt. Auch beinhalten fast alle Hausordnungen für Wohnhäuser in Deutschland Ruhezeiten, die von den Bewohnern zu beachten sind. Die Hausordnungen werden in einem Mietshaus vom Vermieter festgelegt und in Eigentumswohnanlagen von den Eigentümern beschlossen. Als allgemein übliche Ruhezeiten gelten die Nachtzeiten von 22.000 Uhr bis 7.00 Uhr, auch ist die Mittagsruhe zwischen 12.00 Uhr und 14.00 Uhr zu beachten. An Sonn- und Feiertagen sind ruhestörende Arbeiten insgesamt nicht erlaubt. Da in Wohnhäusern diese Ruhezeiten entweder vom Vermieter oder der Eigentümergemeinschaft festgelegt werden, kann es durchaus sein, dass diese erweitert werden und dann für dieses Haus verbindlich sind. In Eigentümergemeinschaften müssen die im Haus wohnenden Eigentümer die Hausordnung aufgrund des Beschlusses der Eigentümerversammlung einhalten, bei Mietern von Eigentumswohnungen werden die Bestimmungen der Hausordnung der Eigentümergemeinschaft üblicherweise auch über den Mietvertrag vereinbart.

So hat gemäß einem Urteil des LG Hamburg, WuM 84,79 jedermann ein Recht darauf, in seiner Wohnung ungestört zu leben und muss deshalb den Lärm aus anderen Wohnungen nicht hinnehmen. Insbesondere hat er das Recht auf ungestörte Nacht- und Mittagsruhe. Während dieser Ruhezeiten sind Geräusche nur in Zimmerlautstärke erlaubt.

Feiern und Partys in der Wohnung und im Freien

Nachdem er endlich seine Möbel fertiggestellt hat, plant der neue Mitbewohner jetzt eine große Einweihungsfeier. Aber auch da muss er Rücksicht auf die anderen Hausbewohner nehmen.

Wie lässt sich der Fall am besten lösen? Der neue Mitbewohner will mit seinen neuen Nachbarn gut zusammenleben. Er hat sich deshalb persönlich bei allen Hausbewohnern vorgestellt und diese eingeladen, doch bei der Einweihungsfeier vorbeizuschauen und mitzufeiern. Sollte dies nicht möglich sein, so hat er versichert, dass er darauf achten wird, dass durch ihn und seine Gäste keine Störungen entstehen.

Gesetz und Recht: Feiern oder Partys in der Wohnung sind zulässig, aber ab 22.00 Uhr abends muss wieder auf die Nachtruhe geachtet werden (vgl. OLG Düsseldorf WuM 96,56). Laute Unterhaltungen, lautes Gelächter und laute Musik sind ab 22.00 Uhr nicht mehr zulässig, auch hier ist die Zimmerlautstärke einzuhalten.

Der Gastgeber muss auch darauf achten, dass seine Gäste auf dem Nachhauseweg im Treppenhaus nicht lärmen oder vor dem Haus oder am Parkplatz keine lautstarken Unterhaltungen führen. Das Gebot der gegenseitigen Rücksichtnahme erfordert dies.

Es gibt auch kein Recht darauf, einmal im Monat die Nachtruhe der Nachbarn stören zu dürfen (vgl. OLG Düsseldorf, WuM 90,116). Bei einmaligen Anlässen wie zum Beispiel Silvester oder Hochzeit dürfen zwar ausnahmsweise längere Ruhestörungen erfolgen, aber auch hier ist trotzdem unbedingt Rücksicht zu nehmen (vgl. AG Bremen WuM 57,185, OLG Düsseldorf WuM 90,116, WuM 96,56).

Auch bei Grillpartys oder sonstigen Gartenfeiern im Sommer muss ab 22.00 Uhr die Nachtruhe eingehalten werden.

„Allgemeine Wohngeräusche“ können nerven

Das Pärchen in Dieters Nachbarwohnung ist frisch verliebt und beweist sich das auch gerne lautstark. Trotzdem muss es darauf achten, die anderen Hausbewohner nachts nicht zu stören.

Gesetz und Recht: Alle Hausbewohner verursachen Geräusche. Allgemeine Wohngeräusche wie das Leitungsgeräusch von laufendem Wasser, die Betätigung der Wasserspülung im WC oder Geräusche beim Baden und Duschen sind jedoch hinzunehmen, auch nach 22.00 Uhr. Derartiges ist zulässig, so kann es zum Beispiel Schichtarbeitern nicht verboten werden, nach der Arbeit den Schmutz abzuwaschen (vgl. AG Münster, WuM 83/236, LG Köln; WuM 97/323). Allerdings ist auch hier wiederum das Gebot der Rücksichtnahme zu beachten und die Körperreinigung zu den allgemeinen Ruhezeiten auf das Notwendige zu beschränken.

Stundenlanges Duschen oder lautstarker Gesang dabei sind zu unterlassen.

Nächtlicher Lärm von Auseinandersetzungen, Streitereien, Geschrei, Türenschlagen, Poltern oder Hinunterwerfen von Gegenständen aus Nachbarwohnungen muss nicht geduldet werden.

Das nachbarschaftliche Gemeinschaftsverhältnis gebietet es auch, dass Haushaltsgeräte in der Wohnung wie Staubsauger und laute Küchengeräte nicht während der Ruhezeiten in Betrieb genommen werden.

Sexgeräusche wie lautes Stöhnen sind ab 22.00 Uhr nur in Zimmerlautstärke gestattet, Lärm durch „Yippey"-Rufe oder durch Sexpraktiken mit Schaukelgestell oder Ähnlichem ist zwischen 22.00 Uhr und 6.000 Uhr nicht erlaubt (AG Warendorf, Urteil v. 19.08.1997, 5 C 414/97, AG Rendsburg, 18 C 7 166/94, AG München 417 C 17 705/13).

Wenn der Berufsmusiker zu viel übt

In einer der Wohnungen über Dieter wohnt ein Berufsmusiker, der zusätzlich zu seinen eigenen Übungen Musikunterricht gibt.

Gesetz und Recht: Musizieren in der Wohnung mithilfe eines eigenen Instruments oder der Musikgenuss über Rundfunk, Streaming oder sonstige Tonträger wie auch das Singen gehören zur grundrechtlich geschützten freien Entfaltung der Persönlichkeit und sind erlaubt. Allerdings sind auch hier wieder die allgemeinen Ruhezeiten einzuhalten, die anderen Mitbewohner dürfen dadurch nicht übermäßig gestört werden.

Während der Ruhezeiten darf die Musik die Zimmerlautstärke nicht überschreiten (OLG München WuM 92,238). Und auch außerhalb der Ruhezeiten darf gemäß BGH WuM 2018/787, Bay ObLG WuM 86/148 an Werktagen nur bis zu drei Stunden, an Sonn- und Feiertagen maximal ein bis zwei Stunden musiziert werden.

Berufsmusiker haben keine zusätzlichen Rechte beim Musizieren, sie dürfen ebenfalls außerhalb der Ruhezeiten an Werktagen nur bis zu drei Stunden, an Sonn- und Feiertagen ein bis zwei Stunden musizieren (BGH WuM 2018/787, Bay ObLG WuM 86/148). Während der Ruhezeiten darf die Musik ebenfalls die Zimmerlautstärke nicht überschreiten (OLG München WuM 92,238).

Weiterhin ist es bei besonders durchdringenden Instrumenten wie einer Trompete oder ähnlichen einem Berufsmusiker zuzumuten, besondere Schalldämmungsmaßnahmen zu ergreifen und/oder nur in bestimmten Zimmern zu spielen, von denen der Schall nicht in direkt angrenzende Wohn- oder Schlafräume der anderen Wohnparteien dringt.

Musikunterricht als Berufsausübung muss in einem Mietwohnhaus vom Vermieter genehmigt werden, in einer Eigentumswohnanlage sind die Regelungen der Gemeinschaftsordnung zur Berufsausübung in den Wohnungen zu beachten. Aber auch hier gilt eine zeitliche Begrenzung.

Rachelärm? Keine gute Idee

Als Reaktion auf subjektiv empfundene Störungen „Gegenlärm" zu machen, ist nicht zu empfehlen. Vor allem, wenn man dabei jegliche Hemmungen fallen lässt, kann das für großen Ärger mit der Hausgemeinschaft sorgen und letztlich sehr unangenehme rechtliche Konsequenzen haben. So auch in einem Fall des Amtsgerichts München (AG München, Urteil v. 18.01.2019 – 417 C 12146/18), bei dem eine Mietpartei die gesamte Hausgemeinschaft und den eigenen Vermieter gegen sich aufbrachte.

Eine Familie im Mietshaus fühlte sich bereits durch normale Geräusche im Haus gestört und begann, ihr Missfallen durch das Schlagen eines Gegenstands auf den Boden zu ihren Nachbarn auszudrücken. Dabei gab es erhebliche Bodenvibrationen, die unter anderem sogar einen gehörlosen Mieter erschreckten.

Die Polizei wurde mehrmals gerufen. Schließlich erhielt die Familie eine Kündigung, es wurde Räumungsklage erhoben.

Nach Ansicht des Amtsgerichts durchaus zu Recht: Die Familie musste die Wohnung räumen. Das Gericht hatte nach Anhörung etlicher Zeugen keine Zweifel mehr, dass die lauten Knallgeräusche durch die Beklagten absichtlich verursacht worden waren – vermutlich als Reaktion auf andere durch sie als zu laut empfundene Geräusche aus anderen Wohnungen. Dem Vermieter war die Fortsetzung des Mietverhältnisses daher nicht mehr zuzumuten.

Die Tagesmutter: Mehr als erlaubt?

In einer anderen Wohnung in der Eigentumswohnanlage von Dieter wohnt eine junge Mutter, die ihr Einkommen als Tagesmutter aufbessert.

Diese Berufsausübung ist ebenfalls gemäß Hausordnung oder Mietvertrag genehmigungspflichtig, auch darf die Zahl der aufgenommenen Kinder nicht unbegrenzt sein. Gemäß BGH, WuM 2012,515, LG Hamburg, NJW 82,2387, darf eine Tagesmutter bis zu drei Kinder betreuen. Sie muss dabei aber die allgemeinen Ruhezeiten beachten und ebenfalls darauf achten, dass die Kinder nicht den gesamten Tag über in der Wohnung herumtollen. Lärmstörungen durch das Bringen und die Abholung der Kinder für kurze Zeit (etwa fünf Minuten) sind von den Nachbarn hinzunehmen (AG Wiesbaden WuM 2003/88).

Airbnb, Untermieter

Ein weiterer Hausbewohner hat öfter Untermieter, eine andere Wohnung im Haus dient als Übernachtungsmöglichkeit für Airbnb.

Beschwerden über die störenden Untermieter sind an den Vermieter des Hauptmieters, bei Störungen durch die Nutzer im Rahmen von Airbnb ebenfalls an den Vermieter zu richten, dies ist in der Regel der

Eigentümer. Bei Wohnungen in Wohnungseigentümergemeinschaften, bei denen unter Umständen der Eigentümer nicht bekannt ist, ist die Beschwerde vorab an den Verwalter zu richten.

Auch hier hängt alles zuerst davon ab, ob diese Nutzungen vom Vermieter oder von der Eigentümergemeinschaft genehmigt sind und ob bei der Vermietung über Airbnb gegebenenfalls sogar eine behördliche Erlaubnis erteilt worden ist. Durch die Untermieter oder sonstigen Kurzzeitnutzer der Wohnungen müssen jedoch ebenfalls die allgemeinen Ruhezeiten eingehalten werden und auch von diesen dürfen keine übermäßigen Lärmstörungen ausgehen.

Lärm von Nachbarn: Gaststätten, Bautätigkeit

Wer gegenüber Lärmstörungen eher empfindlich ist, sollte sich vor dem Einzug in eine Wohnung ausführlich über das Haus und die Gegend informieren. Befindet sich im Haus eine Gaststätte, so sollte man vom Einzug Abstand nehmen, wenn man extrem ruhebedürftig ist. In der Nähe von Schulen ist zumindest tagsüber mit Lärm vom Pausenhof zu rechnen, bei Sportplätzen können auch an den Wochenenden vermehrt Geräusche durch die Sportausübung und eventuelle Zuschauer entstehen.

Bei Gaststätten oder ähnlichen Gewerbebetrieben im Haus hängt die von den übrigen Hausbewohnern hinzunehmende Lärmbelästigung von der behördlichen Genehmigung ab. Bei erheblichen Belästigungen kann aber die Sperrstunde auf Beschwerden der Hausbewohner vorverlegt werden (Bay BGH DWW 89,172, VGH Baden-Württemberg, DWW 86,297).

Nächtlicher Lärm zum Beispiel von abfahrenden Besuchern, das Schlagen von Autotüren und Ähnliches nach 22.00 Uhr muss nicht hingenommen werden, es sei denn, derartiger Lärm ist im Gebiet üblich. So ist das AG Köpenick, GE 2006/855, der Ansicht, dass in Großstädten eine höhere Geräuschkulisse herrscht als in reinen Wohngebieten. Auch der Lärm von Rauchern, die nun wegen der Rauchverbote in den Gaststätten vor den Lokalen stehen, muss ab 22.00 Uhr eingestellt sein. Andernfalls drohen den Gaststätten erhebliche Auflagen wie zum Beispiel die Anstellung eines Türstehers (VG Wiesbaden, 5 L 1344/10.WI).

Lärm durch benachbarte Bautätigkeit muss von Eigentümern im Rahmen des nachbarschaftlichen Gemeinschaftsverhältnisses hingenommen werden. Sie haben jedoch Anspruch darauf, dass nicht rund um die Uhr gearbeitet wird, sondern dass die gesetzlichen Lärmvorschriften eingehalten werden. Die Rechte von Mietern ihren Vermietern gegenüber, die ihrerseits den Lärm dulden müssen, sind davon nicht betroffen. Mieter haben im Einzelfall ein Mietminderungsrecht gemäß den Bestimmungen des § 536 BGB.

Unangenehme Gerüche

Lästige Gerüche sorgen immer wieder für Streit zwischen Nachbarn, sei es der stinkende Komposthaufen im Garten oder die abgestellte Mülltüte vor der Wohnungstür im Treppenhaus.

Geruchsbelästigungen durch Mitbewohner beruhen auf individuellen Empfindungen und führen deshalb oft zu Auseinandersetzungen in Mehrfamilienhäusern. Bei Abwehransprüchen muss unterschieden werden, ob es sich um „übliche" zumutbare Gerüche handelt, die hingenommen werden müssen, oder um tatsächlich unzumutbare, die nicht auf normalem Wohnverhalten beruhen.

Der begeisterte Hobbykoch

In Dieters Wohnhaus lebt ein begeisterter Hobbykoch, der regelmäßig die unterschiedlichsten Rezepte ausprobiert. Die Gerüche dieser Kochkünste dringen auch ins Treppenhaus und über das geöffnete Fenster in den Hof und die anderen Wohnungen.

Gesetz und Recht: Allgemein gilt hier: Extreme Geruchsbelästigungen müssen nicht hingenommen werden, vor allem keine Geruchsbelästigungen durch Vermüllung der Wohnung (LG Essen, ZMR 2000, 302, AG Hamburg-Harburg, ZMR 2011,644; LG Berlin WuM 2011,155).

Haushaltsübliche Kochgerüche sind jedoch zu dulden (AG Hamburg, WuM 93,39). Auch exotische Küchengerüche ausländischer Hausbewohner sind hinzunehmen. Eine Ausnahme gibt es nur bei extremem Gestank (LG Braunschweig, ZMR 2007,536). Siehe dazu auch „Nachbarn aus anderen Kulturkreisen" auf Seite 44.

Grillende Nachbarn

Dieter grillt gerne auf seiner Terrasse, er befürchtet jedoch, dass sich andere Hausbewohner, die über ihm wohnen, belästigt fühlen.

Gesetz und Recht: Grillen auf Balkon oder Terrasse ist zwar zulässig, kann aber auf dem Balkon eines Mehrfamilienhauses vertraglich verboten werden (LG Essen,. WuM 2002,337; AG Wedding, MM 90,317; LG Stuttgart, NJW E-Mietrecht 97,37; AG Bonn WuM 97,325; AG Westerstede NZM 2010,336).

Bei jeder Grillaktion muss jedoch darauf geachtet werden, dass keine unzumutbaren Rauch- und damit Geruchsbelästigungen entstehen (OLG Düsseldorf WuM 96,56). Die Zumutbarkeit vor allem der Geruchsbelästigungen hängt vom jeweiligen Einzelfall ab. So wird der Duft von gegrilltem Fleisch vom einen als angenehm empfunden, von Vegetariern oder Veganern wahrscheinlich eher als unmöglich.

Wie geht es weiter? Dieter kann, da er gerne Rücksicht nehmen will, seinen Nachbarn vor dem Grillen Bescheid geben, damit diese für eine gewisse Zeit die Fenster verschließen können. Oder er beschränkt sich auf mit den Nachbarn vereinbarte Grillzeiten. Außerdem kann Dieter statt des Holzkohlegrills auf einen Gas- oder Elektrogrill umsteigen, die wesentlich weniger Rauch und Qualm verursachen.

Der rauchende Nachbar

Thomas ist starker Raucher. Er raucht aber nicht mehr in seiner Wohnung, sondern geht dazu vor die Wohnung auf seine Terrasse. Die anderen Hausbewohner, insbesondere der direkt darüber Wohnende, fühlen sich durch den Rauch belästigt.

Gesetz und Recht: Rauchen in der Wohnung darf nicht verboten werden, bei Mietwohnungen muss gegebenenfalls aber der extrem rauchende Mieter dadurch entstandene Schäden im Rahmen seiner Verpflichtung zur Durchführung von Schönheitsreparaturen beseitigen.

Durch das Rauchen außerhalb der eigenen Wohnung entstehende Geruchsbelästigungen müssen jedoch vermieden werden. Der Raucher hat hier Rücksicht auf die anderen Hausbewohner zu nehmen. So ist es verboten, die verqualmte Wohnung über die Eingangstür ins Treppenhaus zu lüften und durch den penetranten Rauchgeruch die anderen Hausbewohner zu belästigen (BGH WuM 2015,289).

Viele Raucher stellen sich wie Thomas auf den Balkon oder die Terrasse. Der Rauch zieht nach oben und durch das geöffnete Fenster der darüberliegenden Wohnung in diese Räume. Inwieweit dies zumutbar ist, hängt vom Einzelfall ab (BGH WuM 2015, 289). Einem Wohnungseigentümer, der zwei Balkone hatte, verbot das Amtsgericht Frankfurt am Main zum Beispiel dort zu rauchen, wo der Qualm direkt ins Schlafzimmer der Wohnung darüber zog. Er könne auch auf dem anderen Balkon rauchen (Az. 33 C 1922/13 (93)). Nur unwesentlicher Tabakgeruch muss hingenommen werden, wobei es auf das Empfinden eines „verständigen durchschnittlichen Menschen" ankommt. Dabei ist auch entscheidend, wie viele Raucher sich jeweils (gleichzeitig) auf der Terrasse oder dem Balkon aufhalten. Ist der Rauch unzumutbar, so muss gegebenenfalls eine Regelung nach Zeitabschnitten gefunden werden. Es müssen Zeiten festgelegt werden, in denen der eine raucht (und die Nachbarn die Fenster schließen können), und andere Zeiten, zu denen sich die Nachbarn ohne Rauchbelästigung auf dem Balkon aufhalten können.

Was im und am Haus noch stören kann

Neben Lärm- und Geruchsbelästigungen gibt es diverse andere Störungen. Diese müssen Sie jedoch nicht einfach hinnehmen: Es ist immer möglich, eine Störung zu beseitigen oder zu überwinden.

Auseinandersetzungen unter Nachbarn können bereits durch das allgemeine Verhalten des Anderen entstehen, die in dessen Naturell liegen. Der eine Bewohner ist äußerst korrekt und pflichtbewusst, der andere sieht alles etwas lockerer – so entstehen Verstimmungen, die das Zusammenleben erheblich belasten können.

Lästige Pflichten: Hausordnung und Winterdienst

Im Haus von Dieter ist es üblich, dass jeder Bewohner wöchentlich abwechselnd mit dem nebenan Wohnenden die Treppe zu seinem Stockwerk und den Vorplatz vor den Wohnungen kehrt und feucht wischt. Alle vier Wochen soll auch das Treppenhausfenster des Stockwerks geputzt werden. Eine Bewohnerin des oberen Stockwerks ärgert sich alle 14 Tage über ihren Wohnungsnachbarn, weil dieser die Treppe zum gemeinsamen Stockwerk nicht sauber macht, wenn er an der Reihe ist, und sie deshalb in der Woche danach den doppelten Schmutz entfernen und für den anderen mitputzen muss.

Gesetz und Recht: In nahezu allen Hausordnungen ist zulässigerweise geregelt, dass das Treppenhaus und die sonstigen Gemeinschaftsräume sowie die dort befindlichen Fenster und Türen von den Hausbewohnern selbst gereinigt werden, es sei denn, es ist ein Putzdienst beauftragt, den alle über die monatlichen Betriebskostenzahlungen bezahlen. Die Arbeiten erfolgen wöchentlich oder bei einzelnen Tätigkeiten (zum Beispiel Reinigung der Fenster) in größeren Zeitabständen und werden üblicherweise nach einem bestimmten Turnus auf die einzelnen Wohnparteien verteilt. Dieser Turnus ist über den Mietvertrag oder bei Wohnungseigentümergemeinschaften durch den Eigentümerbeschluss verbindlich.

Im Rahmen von Mietverträgen kann der Eigentümer eines Mehrfamilienhauses die Erledigung dieser Arbeiten auf die Mieter abwälzen, Gleiches gilt bei Mietern von Einfamilienhäusern.

Jeder Mieter hat gegenüber den anderen ein Recht auf Einhaltung der Hausordnung

Sauber muss sein
Pflichten aus der Hausordnung wie die berühmt-berüchtigte Kehrwoche sind zu erledigen.

(BGH NJW 2004/775). Selbst bei Abwesenheit zum Beispiel durch Urlaub besteht die Verpflichtung zur Durchführung der Hausordnung, notfalls muss für eine Vertretung gesorgt oder mit dem Nachbarn getauscht werden.

Gleiches gilt für den Winterdienst, also die Pflicht zum Schneeräumen, zur Beseitigung von Eis und zum Streuen der Gehwege. Auch hier ist es zulässig, dass diese Verpflichtung des Hauseigentümers im Rahmen der Hausordnung auf die einzelnen Hausbewohner abgewälzt wird (OLG Dresden WuM 96,553, LG Stuttgart WuM 88,399). Diese Pflicht zur Erledigung des Winterdiensts wird von den jeweiligen Gemeinden im Rahmen von entsprechenden Verordnungen geregelt und muss den gesamten Tag über erledigt werden. Versäumt der Verantwortliche diese Pflicht, so haftet er im Schadensfall für erhebliche Kosten: Schmerzensgeld, Verdienstausfall und Krankenbehandlung durch Rückgriff der Krankenkasse auf ihn.

Können Arbeiten zum Beispiel wegen Alters oder Gebrechlichkeit nicht mehr durchgeführt werden, ist die Rechtsprechung uneins. Mehrere gerichtliche Entscheidungen besagen, dass die Pflicht trotzdem erfüllt und selbst für eine Vertretung gesorgt werden muss.

Was tun? Die Durchführung von Putzarbeiten oder des Winterdiensts in Wohnungseigentümergemeinschaften richtet sich nach der Gemeinschaftsordnung und der von den Eigentümern beschlossenen Hausordnung. Hier ist aber zu beachten, dass nach der herrschenden Rechtsprechung die einzelnen Eigentümer nicht durch Mehrheitsbeschluss zur persönlichen Erledigung der Arbeit verpflichtet werden können, da sie gemäß dem WEG nur zur Tragung der durch die Erledigung der Putzarbeiten oder des Winterdiensts entstandenen Kosten verpflichtet werden können.

Erfüllt ein Mieter seine Verpflichtungen nicht, kann ihn der Vermieter abmahnen und zur Pflichterfüllung auffordern, bei mehrfachen Verstößen ist dies sogar ein Grund zur Kündigung des Mietverhältnisses.

Von großen und kleinen Tieren

In der Wohnung über Dieter leben mit der Familie mehrere Kleintiere wie ein Hamster, ein Meerschweinchen und Zierfische, zusätzlich wird eine Katze gehalten. Dieter möchte sich jetzt einen Hund anschaffen.

Gesetz und Recht: Für die Haltung von Kleintieren benötigt man keine Erlaubnis des Vermieters oder der Eigentümergemeinschaft. Voraussetzung hierfür ist jedoch, dass diese Tiere ordnungsgemäß gehalten und die anderen Hausbewohner nicht belästigt werden. So muss es nicht geduldet werden, wenn die Tiere unsauber gehalten werden und dadurch Geruchsbelästigungen entstehen.

Eine Hunde- oder Katzenhaltung muss jedoch üblicherweise genehmigt werden, wobei es zulässig ist, dass die Haltung von Hunden im Mietvertrag oder durch die Hausordnung der Eigentümergemeinschaft verboten ist.

Die Entscheidung über die Erlaubnis zur Tierhaltung ist im jeweiligen Einzelfall zu fällen, insbesondere ist auch die Größe des Tieres maßgebend (BGH WuM 2013,295; WuM 2013,152; WuM 2013,220).

Aber auch wenn Hunde und Katzen grundsätzlich erlaubt sind, müssen die Tiere so gehalten werden, dass die anderen Mitbewohner und Nachbarn nicht durch deren Anzahl, Lärm, Haltung an sich (Geruch) oder Herumlaufen belästigt werden (LG Aurich 1S 275/09; LG Bonn NJW RR 2010,310; LG Bonn 8 S 142/09). So dürfen auch Katzen nicht streunen und den Balkon oder die Terrasse der Nachbarn verschmutzen (LG Bonn NJW RR 2010,310) oder sogar in die Wohnung des Nachbarn eindringen. Hunde müssen rechtzeitig ausgeführt werden, sodass das Treppenhaus nicht verunreinigt wird (AG Hamburg-Altona WuM 89,624). Auch bei einem Wachhund muss stundenlanges Bellen nicht hingenommen werden (vgl. OLG Düsseldorf WuM 90,400, AH Hannover, ZMR, 65,/223, OLG Hamm WuM 90,123). Ebenso müssen gefährliche oder giftige Tiere wie aggressive Hunde (zum Beispiel Kampfhunde), Giftschlangen oder auch Papageien nicht von vornherein geduldet werden, hier muss im Einzelfall entschieden werden (LG Bochum NJW-RR 90,1430).

Was tun? Führt ein persönliches Gespräch unter den Parteien oder ein direktes Schreiben an den Störer nicht zum Ergebnis, dass die Störung abgestellt wird, so müssen Mieter sich an ihren Vermieter wenden, die Eigentümer von Wohnungseigentümergemeinschaften an ihren Verwalter. Auch kann bei gefährlichen Tieren das zuständige Ordnungsamt der Stadt oder des Landratsamts schriftlich informiert und um Abhilfe gebeten werden.

Blockaden im Treppenhaus
Der Kinderwagen oder Rollator in Durchgangsbereichen ist nicht nur ein ärgerliches Hindernis für die Nachbarn, sondern im Brandfall eine gefährliche Stolperfalle.

Mobile Hindernisse im Haus

Thomas ist begeisterter Radfahrer und stellt sein Fahrrad auch ordnungsgemäß im Fahrradraum im Keller ab. Er ärgert sich jedoch jeden Tag dabei, weil der Weg in den Keller durch den Kinderwagen der Familie über ihm versperrt wird. Seit Neuestem stellt auch die betagte Mieterin der Nachbarwohnung ihren Rollator direkt neben dem Hauseingang ab, sodass die Haustür nicht mehr vollständig geöffnet werden und Thomas mit dem Fahrrad nur mit Mühe durchfahren kann. Auch müffelt an manchen Tagen das gesamte Treppenhaus, weil eine Familie alle Schuhe vor der Wohnungstür abstellt.

Gesetz und Recht: Wenn ein Fahrradraum oder ein explizit ausgewiesener Abstellplatz für Fahrräder vorhanden ist, so müssen die Fahrräder dort abgestellt werden. Dies ergibt sich in den meisten Fällen aus dem Mietvertrag oder der Hausordnung. Hat ein Hausbewohner aber ein besonders wertvolles Rad, so ist er selbstverständlich berechtigt, dieses in seiner Wohnung, in seinem eigenen Kellerabteil oder einem anderen, ihm allein zur Nutzung zugewiesenen Raum abzustellen. Er muss aber darauf achten, dass er nicht das Treppenhaus oder den Hausgang beschädigt, da er sonst Gefahr läuft, die dadurch notwendigen Reparaturen bezahlen zu müssen.

Ein Abstellen des Fahrrads oder von größerem Kinderspielzeug (zum Beispiel Roller) irgendwo im Hausflur, im Treppenhaus oder auch im Hof ist nicht zulässig, da dieser Platz allen zur Verfügung steht und nicht einem Einzelnen zur Sondernutzung zugewiesen ist. Gleiches gilt für das Abstellen von Kinderwagen oder Rollatoren.

Ist im Haus ein Aufzug vorhanden, so ist es zumutbar, den Kinderwagen oder den Rollator/Rollstuhl in die Wohnung zu verbringen. Es ist aber sicher nicht zumutbar, einen Kinderwagen oder einen Rollator, der unter Umständen mehrfach täglich benötigt wird, nach jedem Benutzen in eine Wohnung der oberen Stockwerke tragen zu müssen.

Der Betreffende hat deshalb ein Recht, den Kinderwagen, den Rollator oder auch einen Rollstuhl im Hausflur abzustellen, wenn die Größe des Hausflurs dies zulässt (BGH WuM 2007,29; LG Hannover WuM 2006,189). Die Entscheidung darüber fällt notfalls das Gericht, entweder selbst durch Besichtigung des Flurs (Augenschein) oder nach Einholung eines Sachverständigengutachtens.

Ist dies nicht der Fall, so muss in Absprache mit dem Vermieter oder dem Hausverwalter ein anderer Abstellplatz gefunden werden, gegebenenfalls unter der Treppe oder in einem Unterstand im Hof oder auch in einer zur Wohnung gehörenden Garage.

Treppenhäuser sind Fluchtwege und in den meisten Fällen auch nicht so groß und weitläufig gestaltet, dass vor jeder Wohnungstür ausreichend Platz ist. Im Notfall besteht deshalb die Gefahr, dass im Treppenhaus Flüchtende über dort abgestellte Gegenstände stolpern, dadurch zu Fall kommen und noch größeren Schaden erleiden. Notfallhelfer wie Sanitäter oder Feuerwehr werden ebenfalls behindert.

Kleinmöbel im Treppenhaus aufzustellen ist ebenfalls nicht zulässig, da das Treppenhaus allen Hausbewohnern zur Verfügung steht und keinem einzelnen Hausbewohner zur alleinigen Sondernutzung.

Selbst Schuhe im Treppenhaus dauerhaft abzustellen, ist nicht zulässig. Zwar ist das Amtsgericht Herne (WuM 2013,537) der Ansicht, dass Mieter ein Schuhregal im Hausflur aufstellen dürften, dies ist jedoch eine nicht allgemein zutreffende Einzelfallentscheidung. Die Mehrzahl der Gerichte entscheidet anders.

Das kurzfristige Abstellen von Schuhen bei schlechtem Wetter zum Trocknenlassen ist gestattet, die Schuhe müssen jedoch nach dem Abtrocknen in die Wohnung verbracht werden und dürfen nicht stundenlang im Treppenhaus stehen (AG Lünen, 22 II 264/00). Zusätzlich ist es auch unhygienisch, die getragenen Schuhe vor der Wohnungstür abzustellen, da die daraus entweichenden Gerüche die anderen Hausbewohner auch belästigen können.

Leben auf Balkonen und Terrassen

In der Eigentumswohnanlage von Dieter haben einige Hausbewohner Sichtschutzelemente an ihren Balkonen oder an den Terrassen angebracht. Auch befinden sich an vielen Balkonen Blumenkästen: Beim Gießen tropft dann oft Wasser auf die darunterliegenden Balkone oder Terrassen. Einige Hausbewohner füttern auch ständig Vögel, wodurch die Fassade und darunterliegende Balkone durch Vogelkot verschmutzt werden.

Gesetz und Recht: Bei Eigentumswohnanlagen ist vor dem Anbringen von Sichtschutzelementen gegebenenfalls eine Regelung dazu in der Gemeinschaftsordnung zu beachten, die Derartiges entweder generell verbietet oder bei Gestattung die Art, Größe und Farbe eines Sichtschutzes vorschreibt. Diese Vorschriften müssen beachtet werden. Bei vermieteten Wohnungen ist der Vermieter vorher zu fragen.

Das Anbringen von Blumenkästen am Balkon ist zulässig, dies gehört zum allgemeinen Wohngebrauch. Die Blumenkästen oder -töpfe müssen jedoch so befestigt werden, dass kein Herabstürzen droht. Sie werden deshalb am besten am Geländer nach innen gehängt, wobei darauf zu achten ist, dass am Geländer keine größeren Schäden verursacht werden.

Beim Gießen der Pflanzen am Balkon ist auf die übrigen Hausbewohner Rücksicht zu nehmen, es ist darauf zu achten, dass die darunter Wohnenden nicht durch Gießwasser belästigt werden (LG München I, 1 S 1836/13).

Ebenso dürfen Vögel nicht so gefüttert werden, dass durch diese die Fassade und die darunterliegenden Balkone verschmutzt werden. In einigen Städten gibt es sogar Verbote, Tauben zu füttern, bei Zuwiderhandlung drohen erhebliche Geldbußen. Vermieter sind bei Verstößen durch die Mieter in diesen Fällen berechtigt, deswegen sogar fristlos zu kündigen (AG Nürnberg 14 C 7772/15).

Spione in der Luft

Seit Neuestem wohnt neben Anton eine ihm nicht bekannte Familie und er möchte wissen, wer und wie diese Leute sind. Der Blick zum Nachbargrundstück ist durch eine Hecke versperrt. Aus dem Nachbargarten hört er immer wieder komische Geräusche, die er nicht einordnen kann. Er möchte aber nicht neugierig erscheinen und fragt seine Nachbarn deshalb nicht direkt.

Anton hat sich vor Kurzem eine Drohne zugelegt. Er lässt diese von seinem Garten aus aufsteigen und über das Nachbargrundstück fliegen, auch um Fotos zu machen.

Der Nachbar bemerkt die Drohne und versucht diese abzufangen, zum Beispiel durch Hochwerfen von Gegenständen und Netzen oder durch (allgemein verbotene) Störung des Funkverkehrs.

Anton ist darüber sehr empört, dass der Nachbar sich an seinem Eigentum vergreifen will, er will doch nur wissen, wer neben ihm wohnt und was diese Leute machen.

Gesetz und Recht: Gemäß § 903 BGB kann der Eigentümer einer Sache, soweit nicht das Gesetz oder Rechte Dritter entgegenstehen, mit der Sache nach Belieben verfahren und andere von jeder Einwirkung ausschließen. Dieses Recht erstreckt sich gemäß § 905 BGB auch auf den Luftraum über der Oberfläche und auf den Erdkörper unter der Oberfläche, es sei denn, die Einwirkungen werden in einer solchen Höhe oder Tiefe vorgenommen, dass an der Ausschließung kein Interesse besteht.

Dieses Recht besteht auch für den Besitzer, also den Mieter oder Pächter, eines Grundstücks. Sie können deshalb verbieten, dass Ihr Grundstück überflogen oder zum

Beispiel durch einen Tunnel untergraben wird. Ausnahmen bestehen nur für gesetzlich zugelassene Luftfahrzeuge oder Arbeiten, die dem Bergbau unterliegen, also in großer Höhe oder Tiefe stattfinden.

Gemäß den deutschen und EU-Drohnenverordnungen besteht ein generelles Überflugverbot für Drohnen bei Verfassungsorganen, Bundes- oder Landesbehörden, Industrieanlagen, Kontrollzonen von Flugplätzen, Einsatzorten von Polizei und Rettungskräften, Menschenansammlungen und Naturschutzgebieten. Zusätzlich muss jede Drohne gekennzeichnet sein, und ab einem Gewicht von zwei Kilogramm ist ein Drohnenführerschein erforderlich. Ab fünf Kilogramm muss der Betrieb der Drohne überhaupt behördlich erlaubt werden.

Bei Wohngebieten ist der Überflug verboten, wenn die Drohne über 250 Gramm schwer und in der Lage ist, optische, akustische oder Funksignale zu empfangen, zu übertragen oder aufzuzeichnen. Dies bedeutet: Drohnen mit Kameras sind verboten.

Anton darf deshalb keinesfalls die Drohne über das Grundstück seines Nachbarn fliegen lassen und schon gar nicht mit deren Hilfe dort fotografieren oder filmen. Derartiges ist nur zulässig, wenn dies ausdrücklich gestattet wird, zum Beispiel einem Dachdecker, der einen Reparaturauftrag erfüllen und dabei die schwer einsichtige Schadensstelle ermitteln soll.

Der Nachbar hat jedoch auch nicht sofort das Recht, die Drohne wegzunehmen, abzufangen, zu beschädigen oder gar zu zerstören. Ein solches Recht zur Selbsthilfe ist gemäß § 229 BGB nur gegeben, wenn obrigkeitliche Hilfe, also die Polizei, nicht rechtzeitig erreicht wird oder ohne sofortiges Eingreifen die Gefahr besteht, dass der Anspruch vereitelt oder wesentlich erschwert würde. Dies hängt aber vom jeweiligen Einzelfall ab.

Gemäß einem Urteil des AG Riesa, 9 Cs 926 Js 3044/19, wurde ein Mann freigesprochen, der mit seinem Luftgewehr die Drohne seines Nachbarn abgeschossen hatte und deshalb von diesem wegen Sachbeschädigung angezeigt worden war. In diesem Fall war jedoch die Drohne in geringer Höhe über einen abgezäunten Garten geflogen, in dem sich die beiden kleinen Töchter des Angeklagten aufhielten, sodass dieser befürchten musste, dass Fotos gemacht werden, die sein Persönlichkeitsrecht oder das seiner Kinder verletzen. Der Angeklagte hat dies dem Gericht glaubwürdig dargelegt. Dies ist jedoch ein spezieller Einzelfall, nicht alle Gerichte würden wohl immer so entscheiden.

Von einem Abschießen von Drohnen ist deshalb wegen des in der Regel verbotenen Schusswaffengebrauchs dringend abzuraten. Auch ist es verboten, durch elektronisches „Jammen“ die Signalverbindung zwischen Sender und Drohne zu stören, da dadurch die Gefahr besteht, dass die Drohne unkontrollierbar wird und beim Absturz

Schaden verursacht. Zusätzlich kann dann auch noch vom Gericht entschieden werden, dass die gewählte Maßnahme unverhältnismäßig war und auch eine geringere wirksam gewesen wäre, sodass dann unter Umständen auch noch Schadenersatzansprüche entstehen. Das Abfangen und Zerstören einer Drohne muss deshalb ein Ausnahmefall bleiben. Oft kann aber nachvollzogen werden, woher die Drohne stammt, da sie ja nur so weit betrieben werden darf, als Sichtkontakt zwischen dem Betreiber und ihr besteht.

Was ist zu tun? Der Nachbar ist deshalb auf jeden Fall berechtigt, gemäß § 1004 BGB von Anton zu fordern, dass dieser die Belästigung durch die Drohne unterlässt. Er kann ihn mündlich oder aus Nachweisgründen besser schriftlich dazu auffordern, er kann im Wiederholungsfall auch die Polizei holen und Anton notfalls auf Unterlassung verklagen. So hat das Amtsgericht Potsdam unter dem Aktenzeichen 37 C 454/13 einen Drohnenbetreiber zur Unterlassung verurteilt und ihm bei Verstoß ein Ordnungsgeld bis zu 250 000 Euro angedroht.

Zusätzlich ist der Nachbar berechtigt, gegen Anton Strafanzeige wegen Verletzung seines Persönlichkeitsrechts zu erstatten und auch Schadenersatz zu fordern. Dies sind auf jeden Fall entstandene Anwaltskosten, ebenso besteht der Anspruch auf Herausgabe oder Löschung der Aufnahmen.

Videoüberwachung unter Nachbarn

In der Nachbarschaft ist schon mehrfach eingebrochen worden. Hassan will deshalb sein Grundstück per Video überwachen lassen und Bewegungsmelder anbringen.

Er will auch seiner Mieterin diesen Schutz bieten und installiert vor deren Wohnungseingang in einer Eigentumswohnanlage eine Kamera, mit der sie überprüfen kann, wer sich ihrer Wohnung nähert.

Gesetz und Recht: Die Anbringung einer Videokamera am Privateingang aus Sicherheitsgründen ist grundsätzlich zulässig (AG München 191 C 23903/14). Es dürfen jedoch keine Rechte Dritter verletzt werden, sodass private Video- oder Filmkameras nur unter folgenden Bedingungen zulässig sind:

- Es darf nur der eigene private Raum fotografiert oder gefilmt werden.
- Im öffentlichen Bereich, auf Gehwegen oder der Straße, in allgemein zugänglichen Fluren oder Treppenhäusern oder auf das Nachbargrundstück, auch wenn nur ein Teil davon erfasst wird, darf nicht fotografiert oder gefilmt werden. Selbst das Aufstellen von Kameraattrappen, die auf allgemein zugängliche Bereiche oder Nachbargrundstücke gerichtet sind, ist nicht erlaubt (AG Frankfurt, 33 C 3407/14).
- Zusätzlich muss ein Schild die Besucher auf die Überwachung hinweisen. Dieser

Hinweis muss sogar Postboten oder anderen Lieferanten erteilt werden.

Jeder darf selbst darüber bestimmen, ob er fotografiert, gefilmt oder anderweitig überwacht werden will. Dies ergibt sich aus dem allgemeinen Persönlichkeitsrecht. Jeder Betroffene kann also gemäß § 1004 BGB in Verbindung mit § 823 BGB verlangen, dass von ihm künftig keine Aufnahmen mehr gemacht und dass bereits bestehende gelöscht werden. So kann auch mit Recht verlangt werden, dass eine Kamera so ausgerichtet wird, dass der Nachbar nicht mehr dadurch beeinträchtigt wird (LG Hamburg 306 O 95/18). In einem Mietwohnhaus ist auch die Überwachung des Flurs vor der Wohnungstür durch eine Mieterin nicht zulässig (AG München 413 C 26749/13). Ebenso ist es in Wohnungseigentumsanlagen nicht zulässig, ohne Zustimmung der Eigentümer am Eingang eine Überwachungsanlage zu installieren (OLG Düsseldorf 1–3 WV 199/06).

Die generelle Flurüberwachung vor der Wohnung einer Mieterin ist ebenfalls nicht zulässig. Soweit eine Gegensprechanlage mit Videokontrolle angebracht wird, so ist deren Betrieb nur zulässig, wenn die Bildaufzeichnung erst erfolgt, wenn der Besucher vorher klingelt und das Bild nach wenigen Minuten wieder gelöscht wird. Zusätzlich muss ein Hinweisschild angebracht werden (vgl. Bay OBLG, 2 ZBR 124/04, OLG Köln, 16 WX 13/07).

Was ist zu tun? Hassan muss bei der Anbringung seiner Videoüberwachungsanlage genauestens darauf achten, dass deren Filmbereich wirklich nur seinen privaten Eingangsbereich oder ausschließlich sein eigenes Grundstück erfasst, wie sich auch die Bewegungsmelder nur einschalten dürfen, wenn sich jemand seinem Grundstück nähert und nicht dem Nachbargrundstück.

Öffentliches Nachbarrecht

Bei Verletzung öffentlich-rechtlicher Vorschriften kann die zuständige Behörde informiert und dort ein Antrag auf Einschreiten gestellt werden. Wie funktioniert das und auf welche Rechtsgrundlagen kann man sich dazu beziehen?

Wer allgemein als Nachbar in Betracht kommt, wurde hier grundsätzlich bereits beschrieben (siehe Seite 12 f.). Das öffentliche Nachbarrecht umfasst dabei aber noch eine Besonderheit.

Der Begriff des Nachbarn im öffentlichen Recht

Im öffentlichen Recht, das im Wesentlichen durch ein Über- und Unterordnungsverhältnis (Subordinationsverhältnis) zwischen dem Staat beziehungsweise der öffentlichen Hand einerseits und dem einzelnen Bürger andererseits geprägt ist, ist das öffentliche Nachbarrecht durch eine Dreierbeziehung gekennzeichnet, nämlich durch den Staat, den Bürger und einen Dritten, zum Beispiel den Nachbarn.

Einerseits kann ein Eigentümer eines Grundstücks bei der Verwaltung eine Genehmigung für ein bestimmtes Verhalten oder Vorhaben beantragen, was dann den Nachbarn oder Dritten in seiner Rechtsstellung beeinträchtigen könnte. Andererseits kann aber auch der Staat beziehungsweise die Verwaltung einem Bürger durch entsprechende Anordnung ein Verhalten aufgeben, welches dann Auswirkungen auf eine dritte Person haben kann.

Eine einheitliche gesetzliche Definition des Nachbarn im öffentlichen Recht gibt es jedoch nicht. Vielmehr definieren einzelne Gesetze den Begriff des Nachbarn oder des Dritten in der Regel jeweils eigenständig für die Geltung des jeweiligen Gesetzes.

Dies wird bereits dadurch deutlich, dass in zahlreichen Vorschriften teilweise explizit auf den Nachbarn abgestellt wird beziehungsweise sich aus Vorschriften durch Auslegung ergibt, dass die Regelungen auch die etwaige Nachbarn betreffen. Bei diesen Vorschriften spricht man dann von drittschützenden oder nachbarschützenden Vorschriften.

Nach §2 Nachbarrechtsgesetz Rheinland-Pfalz, dies trifft wohl auch für die Nachbarrechtsgesetze anderer Bundesländer zu, ist Nachbar nur der im Grundbuch als solcher eingetragene Eigentümer eines Grundstücks, und, soweit das Grundstück mit einem Erbbaurecht belastet ist, nur der Erbbauberechtigte.

Wer lediglich durch Miet-, Pacht-, Leihvertrag oder ähnliche Nutzungsverträge (schuldrechtlich) begründete Rechtsbeziehungen zum Grundstück und dem angrenzenden Grundstück hat, kann also nicht als Nachbar im Sinne des Nachbarrechtsgesetzes gelten.

Allerdings sieht die Definition des Nachbarn im Nachbarrechtsgesetz keine räumliche Begrenzung vor. Vielmehr kann Nachbar im Sinne dieser Vorschrift auch ein Grundstückseigentümer sein, dessen Grundstück weiter entfernt liegt, wenn es etwa durch abfließendes Wasser, Rauch oder Ähnliches betroffen ist.

Die Landesbauordnungen der Länder definieren das im Rahmen der Beteiligung von Nachbarn am Baugenehmigungsverfahren deutlich enger. Danach ist Nachbar (§68 Abs. 1 LBO RP) oder Angrenzer (§55 BWLBO; §72 BauO NRW) nur der Eigentümer eines angrenzenden oder benachbarten (Art. 66 Abs. 1 BayBO) Grundstücks, während etwa in Hessen nach §71 HBO nicht der Nachbar, sondern „die Nachbarschaft" zu beteiligen ist.

Wesentlich weitergehend bestimmt die niedersächsische Landesbauordnung in §68 NBauO, dass die Nachbarn, deren Belange eine Baumaßnahme berühren kann, die Bauvorlagen bei der Bauaufsichtsbehörde oder bei der Gemeinde einsehen können. Damit sind als Nachbarn all diejenigen Personen an dem Verfahren zu beteiligen, die entweder von der Baumaßnahme betroffen sind oder mit ihrem in ihrem Eigentum stehenden Grundstück unmittelbar an das Vorhabengrundstück angrenzen.

Im Baugesetzbuch (BauGB) ist in den Vorschriften über die Aufstellung eines Bebauungsplans in §3 Abs. 1 weitergehend bestimmt, dass die Öffentlichkeit möglichst frühzeitig über die allgemeinen Ziele und Zwecke der Planung, sich wesentlich unterscheidende Lösungen, die für die Neugestaltung oder Entwicklung eines Gebietes in Betracht kommen, und die voraussichtlichen Auswirkungen der Planung öffentlich zu unterrichten ist. Dabei ist der Öffentlichkeit Gelegenheit zur Äußerung und Erörterung zu geben.

Nach Abs. 2 dieser Vorschrift sind Bauleitpläne (das sind Flächennutzungspläne als vorbereitende Bauleitpläne und Baupläne) für eine bestimmte Frist öffentlich auszulegen, mit dem Hinweis, dass Stellungnahmen während der Auslegungsfrist abgegeben werden können. Diese fristgemäß abgegebenen Stellungnahmen sind zu prüfen und das Ergebnis ist mitzuteilen.

Der Begriff Öffentlichkeit umfasst hier sowohl eine oder mehrere natürliche oder juristische Personen wie auch Vereinigungen, Organisationen und Gruppen. Der Begriff ist damit umfassend gemeint, sodass letztlich jeder, auch Kinder gemäß §3 Abs. 1 Satz 2 BauGB, auch außerhalb der politischen Gemeinde als Planungsträger das Recht hat, im Rahmen der Öffentlichkeitsbeteiligung und der öffentlichen Auslegung eine Stellungnahme im Planaufstellungsverfahren abzugeben.

Hinweis: Dieser Begriff der Öffentlichkeit in § 3 Abs. 1 Baugesetzbuch unterscheidet sich vom Begriff der Öffentlichkeit in § 33 Abs. 3 BauGB: Dort muss nur der durch das Vorhaben betroffenen Öffentlichkeit Gelegenheit zur Stellungnahme gegeben werden, damit ist nur ein wesentlich engerer und kleinerer Teil der Öffentlichkeit gemeint. Mit dem Begriff Öffentlichkeit im Sinne des § 33 Abs. 3 S. 2 BauGB sind Grundeigentümer gemeint, die in ihren planungsrechtlich relevanten Nutzungsrechten unmittelbar betroffen werden, sowie Personen, die in ihren abwägungsrelevanten Belangen betroffen sind.

Daneben regelt das Baugesetzbuch etwa in § 31 Abs. 2, dass eine Befreiung von Festsetzungen des Bebauungsplans unter anderem nur zulässig ist, wenn die Abweichung auch unter Würdigung nachbarlicher Interessen mit den öffentlichen Belangen vertretbar ist. Da es sich hierbei nur um Befreiungen von den Festsetzungen

eines Bebauungsplans im Sinne von § 30 Abs. 1 BauGB,

eines vorhabenbezogenen Bebauungsplans im Sinne von § 30 Abs. 2 in Verbindung mit § 12 BauGB oder

um einen einfachen Bebauungsplan gemäß § 30 Abs. 3 BauGB handeln kann,

sind in der Regel auch nur die Interessen der von der Befreiung Betroffenen – also die Eigentümer der im Plangebiet liegenden Grundstücke – zu berücksichtigen. Dies sind in der Regel die unmittelbaren Planbetroffenen, also letztlich alle Eigentümer der Grundstücke, die durch den betroffenen Bebauungsplan überplant sind. Nur ausnahmsweise kommen auch außerhalb des Plangebiets vorhandene Betroffene in Betracht, wenn die Festsetzung, von der befreit werden soll, über die Grenzen des Bebauungsplans hinaus Interessen schützen soll.

Im Bundesimmissionsschutzrecht ist in § 3 Abs. 1 der Schutz der Nachbarschaft vor Immissionen geregelt, die Gefahren, erhebliche Nachteile oder erhebliche Belästigungen herbeiführen können. In § 3 Abs. 5d ist bestimmt, dass benachbarte Schutzobjekte solche Gebiete sind, die ausschließlich oder überwiegend dem Wohnen dienen, sowie öffentlich genutzte Gebäude und Gebiete, Freizeitgebiete oder wertvolle oder besonders empfindliche Gebiete. Hier sind also auch Einwohner von Wohngebieten sowie öffentlich genutzte Gebiete wie Freizeitgebiete angesprochen. Als Nachbarn der Anlage fallen damit alle Personen in den Schutzbereich, die nach örtlichen Gesichtspunkten von den Auswirkungen der Anlage nachteilig betroffen sein können. Demnach kann, je nachdem, um welche zu genehmigende Anlage es sich handelt, der Kreis der Nachbarn sehr umfangreich und weit sein. Zu denken wäre etwa bei einer Schießanlage an den Umfang der Lärmemissionen, bei einer Abfallentsorgungseinrichtung die Reichweite der Geruchsemissionen oder bei einer Brechanlage von Bauschutt die Ausbreitung der Staubemissionen. Durch die Ausstrahlung der Anlagen wird daher auch der Begriff des Nachbarn im Sinne von § 3 Abs. 1 BImSchG bestimmt und begrenzt.

Planfeststellungsverfahren sind besondere Verfahren für Großprojekte, für die die anzuwendenden Gesetze ausdrücklich eine Planfeststellung vorsehen. Dabei ist in der Regel § 73 Abs. 4 VwVfG (Verwaltungsverfahrensgesetz) über das förmliche Verwaltungsverfahren anzuwenden, der bestimmt, dass jeder, dessen Belange durch so ein Vorhaben berührt werden, innerhalb einer bestimmten Frist bei der Anhörungsbehörde oder bei der Gemeinde Einwendungen gegen den Plan erheben kann. Mit Ablauf der Einwendungsfrist sind alle weiteren Einwendungen ausgeschlossen, die nicht auf besonderen privatrechtlichen Ansprüchen beruhen.

Es handelt sich um eine Anhörung Betroffener zur Wahrnehmung ihrer eigenen subjektiven Rechte und Belange. Als Betroffener in diesem Sinne kommt dabei jede natürliche Person, aber auch jede juristische Person in Betracht, genauso auch Vereinigungen, soweit ihnen ein Recht zustehen kann (§ 11 VwVfG). Dazu gehören insbesondere auch Natur- und Umweltverbände, nicht jedoch Bürgerinitiativen und Interessengemeinschaften, denen keine eigenen Rechte zustehen können.

„Einen einheitlichen Begriff des Nachbarn beziehungsweise der Nachbarschaft kann es im öffentlichen Recht nicht geben.

Aus den vorangegangenen Gesetzesbereichen wird deutlich, dass es einen einheitlichen Begriff des Nachbarn beziehungsweise der Nachbarschaft im öffentlichen Recht nicht geben kann. Man muss also unter Berücksichtigung der anzuwendenden Normen und gesetzlichen Grundlagen im Einzelfall bestimmen, wer als Nachbar jeweils in Betracht kommt. Für die Bestimmung des Nachbarn ist dabei hilfreich, wer von dem Vorhaben maßgeblich betroffen ist.

Fazit: Nachbar im öffentlichen Recht ist nur der grundstücksbezogene Nachbar, der gleichzeitig Eigentümer oder sonst wie dinglich berechtigt an einem Grundstück ist. Davon sind erweiternd insoweit Ausnahmen zu machen, wenn andere Personengruppen wie Mieter oder Pächter sich nicht oder nicht nachhaltig den Einwirkungen von Immissionen entziehen können.

Gegenstand des öffentlichen Nachbarrechts

Grundsätzlich besteht das öffentliche Recht aus Rechtsnormen, die ein Subordinationsverhältnis, also ein Über- und Unterordnungsverhältnis, begründen.

Sie sind gekennzeichnet durch Gebote oder Verbote (das nennt sich Eingriffsverwaltung) oder durch Gewährung von Ansprüchen (= Leistungsverwaltung). Diese Vorschriften gehen grundsätzlich im Sinne einer Über-/Unterordnung von öffentlicher Hand einerseits und Bürger andererseits aus, also von einem Zweierverhältnis.

Aus diesem Verständnis heraus war die frühere Rechtsprechung zum öffentlichen Nachbarrecht sehr restriktiv. Ein Dritter oder Nachbarn hatten nur dann eine einklagbare Rechtsposition, wenn von der jeweiligen Norm her der Dritte zu einem ganz bestimmten abgrenzbaren Kreis der Berechtigten gehörte. Es musste sich also unmittelbar aus der Norm selbst ein bestimmter Kreis der Berechtigten ergeben.

Im sogenannten Schweinemäster-Fall hat das Bundesverwaltungsgericht (BVerwG) 1977 seine bis dahin strikte Rechtsprechung aufgelockert und das richterrechtliche „Gebot der Rücksichtnahme" entwickelt. Danach muss eine Abwägung erfolgen zwischen dem, was einerseits dem Bauwilligen und andererseits den von dem Bauvorhaben nachteilig betroffenen Dritten nach Lage der Dinge zugemutet werden kann. Auf das Gebot der Rücksichtnahme konnte sich aber nur ein eingeschränkter und individualisierter Personenkreis berufen, der eine besondere Betroffenheit aufweisen konnte.

In Abkehr der bis dahin geltenden Rechtsprechung hat das BVerwG 1990 den objektiven Festsetzungen eines Bebauungsplans über die Art der baulichen Nutzung drittschützenden Charakter zugebilligt. Der Festsetzung des Maßes der baulichen Nutzung kam nur dann drittschützende Funktion zu, wenn die planende Gemeinde einen entsprechenden Willen im Klaren explizit zum Ausdruck gebracht hat.

2018 hat das BVerwG in der sogenannten Wannsee-Entscheidung (siehe der Fall mit dem Segelverein Sturmwind, Seite 29) aber dem Maß der baulichen Nutzung eine drittschützende Komponente zugebilligt, nämlich dann, wenn sich dieser Drittschutz nicht konkret aus dem Bebauungsplan aufgrund einer schriftlichen Willenserklärung der Gemeinde ergibt, sondern – insbesondere für Bebauungspläne vor 1960 – durch Auslegung des Plans entwickelt.

Danach sind letztlich zwei unterschiedliche Normtypen für das öffentliche Nachbarrecht zu unterscheiden:

1. Einerseits gibt es Vorschriften, die abstrakt-generell drittschützenden Charakter haben, also den Nachbarn generell und abstrakt im Blick haben und dessen Interessen allgemein schützen. Der Nachbarschutz gilt hier kraft Gesetzes, ohne dass es einer besonderen Betroffenheit des Einzelnen bedarf.
2. Andererseits sind Vorschriften und Regelungen gegeben, die von sich heraus „nur" einen im Einzelfall konkret-individuellen Schutz begründen. Der Nachbar kann sich nur dann gegen eine

Maßnahme der Verwaltung wehren, soweit er geltend machen kann, dass er durch die Maßnahme im Einzelfall konkret und individuell rechtswidrig betroffen ist.

Wann sind öffentlich-rechtliche Vorschriften drittschützend?

Die Vorschriften des öffentlichen Rechts legen die Handlungsbefugnisse und Handlungsformen des Staates bzw. der öffentlichen Hand gegenüber seinen Bürgern fest.

Im Rahmen der Eingriffsverwaltung gewähren sie dem Staat gegenüber seinen Bürgern Rechte und Pflichten, legen ihm aber auch umgekehrt Beschränkungen auf.

Andererseits begründet das öffentliche Recht in der Gestalt der Leistungsverwaltung und Daseinsfürsorge umfangreiche Verpflichtungen des Staates gegenüber seinen Bürgern.

Zahlreiche Normen des materiellen öffentlichen Rechts dienen also ausschließlich der Durchsetzung von Interessen der Allgemeinheit. So sind etwa die Regeln des Fachplanungsrechts im Interesse der Allgemeinheit erlassen, wie beispielsweise die Vorschriften des Fernstraßengesetzes für den Bau von Fernstraßen und Autobahnen, die Errichtung von Schienenverbindungen nach dem allgemeinen Eisenbahngesetz oder das Luftverkehrsgesetz zum Bau von Flugplätzen. Ebenso dient das allgemeine und besondere Polizeirecht der Abwehr von drohenden Gefahren für die Allgemeinheit.

Dies bedeutet allerdings nicht, dass derartige öffentlich-rechtliche Vorschriften nur und ausschließlich dem Schutz des Allgemeinwohls dienen. Möglich ist vielmehr auch, dass sie den Schutz und die Interessen einzelner Bürger mit umfassen. Es muss also jeweils geklärt werden, ob eine solche Vorschrift ausschließlich der Allgemeinheit dient oder auch dem Schutz individueller Interessen des Nachbarn bzw. von Dritten, ob sie auch Rücksicht auf Interessen Dritter nimmt (siehe auch Info „Nach ständiger Rechtsprechung“, Seite 116).

Relativ einfach ergibt sich die Bestimmung, dass eine öffentlich-rechtliche Vorschrift auch Individualinteressen schützt, wenn sich dies explizit aus der Vorschrift selbst ergibt. Nennt etwa die Vorschrift unmittelbar den Dritten oder den Nachbarn als Schutzobjekt der Vorschrift, ist der drittschützende Charakter der Vorschrift offensichtlich.

So verhält es sich etwa bei § 22 BImSchG über die Pflichten des Betreibers einer nicht genehmigungspflichtigen Anlage, die nur so errichtet und betrieben werden darf, dass schädliche Umwelteinwirkungen verhindert werden, die nach dem Stand der Technik vermeidbar sind. Schädliche Umwelteinwirkungen sind nach § 3 Abs. 1 BImSchG aber Immissionen, die nach Art, Ausmaß oder Dauer geeignet sind, Gefahren, erhebliche Nachteile oder erhebliche Belästigungen für die Allgemeinheit oder die Nachbarschaft (!) herbeizuführen.

Da hier nicht nur die Allgemeinheit, sondern ausdrücklich auch die Nachbarschaft vor den Gefahren geschützt werden soll, dient § 22 Abs. 1 in Verbindung mit § 3 Abs. 1 BImSchG auch dem Schutz des Nachbarn, der sich hierauf berufen kann. Ihm steht somit ein Recht auf Abwehr etwaiger schädlicher Umwelteinwirkungen zu.

Hierher gehören etwa auch die Vorschriften über die Stellung von Garagen und Stellplätzen in den einzelnen Landesbauordnungen. Hierbei handelt es sich dann um Vorschriften mit abstrakt generellem drittschützenden Charakter.

Schwieriger gestaltet sich die Entscheidung, ob eine bestimmte öffentlich-rechtliche Vorschrift drittschützenden Charakter hat, wenn sie nach dem Wortlaut nicht ausdrücklich auf den Schutz Dritter abstellt. Dies dürfte wohl für die Abstandsregelungen nach den Bauordnungen gelten. Danach sind, von Einzelheiten abgesehen, bei der Errichtung von Gebäuden Abstandsflächen unterschiedlicher Größe einzuhalten, mindestens jedoch immer 3 Meter, gerechnet von der Abschlusswand des Gebäudes. Die Einhaltung gilt grundsätzlich für das Vorhabengrundstück. Diese Abstandsregeln dienen allgemein dem Brandschutz, der Sicherung von Licht- und Luftzufuhr und auch der Einhaltung gesunder Wohn- und Arbeitsverhältnisse. Geschützt ist dadurch aber darüber hinaus auch die Privatsphäre des Nachbarn als Individualinteresse.

Da es sich bei den genannten Regelungen um Vorschriften handelt, die zwar grundsätzlich die Allgemeinheit als Schutzgut im Blick haben, daneben aber auch Individualinteressen eines oder mehrerer Einzelner schützen, spricht man hier von Vorschriften mit konkret individuellem drittschützenden Charakter. Die Verletzung konkret in-

---

Nach ständiger Rechtsprechung ist mit den drittschützenden Normen gemeint, dass sie gerade nicht nur zum Schutze der Allgemeinheit oder Öffentlichkeit, sondern auch und daneben dem Schutze individueller Rechte Dritter bestimmt sind. Sie begründen damit für den Nachbarn beziehungsweise für den Dritten Rechte, die der Nachbar eigenständig wahrnehmen und klageweise gegenüber der Verwaltung gerichtlich geltend machen kann.
Ob dies der Fall ist, ob also eine bestimmte Vorschrift des öffentlichen Rechts nicht nur der Allgemeinheit, sondern auch dem Schutz von Individualinteressen dient, ist im Zweifel durch Auslegung der Vorschrift zu ermitteln.

dividueller drittschützender Normen erfordert also immer auch die Darlegung einer individuellen Betroffenheit in Form einer konkreten und qualifizierten Rechtsbeeinträchtigung des Einzelnen.

Fazit: Öffentlich-rechtlicher Nachbarschutz kommt daher nur dann in Betracht, wenn die Entscheidung oder die Maßnahme der Behörde einerseits rechtswidrig ist, und damit gleichzeitig der Nachbar oder der Dritte in seinen individuellen Rechten verletzt ist.

Juristische Verfahren im öffentlichen Nachbarrecht

Jegliche Bestimmungen zum öffentlichen Nachbarrecht wären lediglich graue Theorie, wenn man sich als Nachbar oder Dritter nicht auch gegen die rechtswidrige Verletzung seiner durch drittschützende Normen geschützten Rechtsposition wehren könnte.

Der Grundsatz des effektiven Rechtsschutzes aus Art. 19 Abs. 4 Grundgesetz gebietet daher, dass man durch das Verfahrensrecht und konkrete Maßnahmen (Rechtsmittel) die Möglichkeit bekommt, Beschlüsse der Verwaltung beziehungsweise der öffentlichen Hand gerichtlich überprüfen zu lassen, auch wenn diese nicht gegenüber einem selbst getroffen wurden.

Das Widerspruchsverfahren

Wenn Sie gegen einen Verwaltungsakt vorgehen wollen oder wenn Ihr Antrag durch Verwaltungsakt abgelehnt wurde, müssen Sie gemäß § 68 VwGO zunächst ein Vorverfahren durch die Erhebung eines Widerspruchs (§ 69 VwGO) vor der Widerspruchsbehörde durchführen lassen. Dieses Vorverfahren oder Widerspruchsverfahren soll die Rechtmäßigkeit und Zweckmäßigkeit des Verwaltungsakts beziehungsweise dessen Ablehnung verwaltungsintern überprüfen.

Dabei muss gemäß § 70 Abs. 1 VwGO der Widerspruch bei der Ausgangsbehörde oder der Widerspruchsbehörde innerhalb eines Monats erhoben werden, nachdem Ihnen der Verwaltungsakt bekannt geworden ist. Sie bekommen dann entweder einen Abhilfebescheid gemäß § 72 VwGO oder einen Widerspruchsbescheid gemäß § 73 VwGO.

Die Durchführung des Vorverfahrens ist Voraussetzung für die Zulässigkeit einer eventuell folgenden Klage vor dem Verwaltungsgericht.

Und hier wieder die Ausnahme: Ein Vorverfahren ist nicht erforderlich, wenn der zu überprüfende Verwaltungsakt von einer obersten Bundesbehörde oder von einer obersten Landesbehörde – also einem Bundesministerium oder einem Landesministerium – erlassen worden ist oder wenn ein Gesetz bestimmt, dass ein Vorverfahren entbehrlich ist. Dann hat sofort die Klage vor Gericht zu erfolgen.

Es braucht auch kein weiteres Widerspruchsverfahren, wenn durch den Widerspruchsbescheid oder den Abhilfebescheid erstmals eine Beschwer begründet wird. Wenn etwa der Adressat gegen einen ihn belastenden Bescheid erfolgreichWiderspruch erhebt, wodurch Sie als Nachbar oder Dritter sodann nachteilig beeinträchtigt werden.

Aber auch dann, wenn Sie als Dritter erfolgreich Widerspruch gegen einen Verwaltungsakt eingelegt haben, muss der Adressat des ursprünglichen Verwaltungsakts nicht erneut ein Widerspruchsverfahren durchführen. In dieser Dreierkonstellation können beide jeweils durch den Widerspruchsbescheid Beeinträchtigten unmittelbar vor dem Verwaltungsgericht Klage gegen den Widerspruchsbescheid erheben, ohne ein weiteres Vorverfahren durchführen zu müssen.

Dazu ein Beispiel: Wird ein Antrag auf Erteilung einer Baugenehmigung Ihres Nachbarn von der Behörde abgelehnt und der Nachbar legt gegen diese Ablehnung erfolgreich Widerspruch ein, kann die jetzt aufgrund des Widerspruchbescheids zu erteilende Baugenehmigung Ihre Interessen oder die anderer Dritter beeinträchtigen.

Umgekehrt ist ebenfalls ein Widerspruchsverfahren nicht mehr erforderlich, wenn Sie als Nachbar gegen eine Ihrem Nachbarn erteilte Baugenehmigung Widerspruch einlegen, der zur Aufhebung oder Änderung des Bauantrags führt. Auch in diesem Fall ist der nächste Schritt die Klage vor dem Verwaltungsgericht durch den Bauinteressenten.

→ Keine Widerspruchsverfahren

In den Bundesländern, in denen durch Gesetz bestimmt ist, dass die Durchführung des Widerspruchsverfahrens gegen Verwaltungsakte generell entbehrlich ist, entfällt bis auf wenige Ausnahmen auch in einer derartigen Dreierkonstellation (Nachbar - Behörde - Sie) die Durchführung eines Vorverfahrens. Hier muss der jeweils durch den ursprünglichen Verwaltungsakt Betroffene und Beschwerte gemäß § 74 Abs. 1 S. 2 VwGO innerhalb eines Monats seit Bekanntgabe des Verwaltungsakts unmittelbar beim zuständigen Verwaltungsgericht Klage gegen den Verwaltungsakt erheben.

Einen Antrag oder eine Klage vor Gericht stellen

Mit der Antrags- oder Klagebefugnis, wie sie in §42 Abs. 2 VwGO bestimmt ist, wird das Recht konkretisiert, einen Antrag oder eine Klage bei Gericht einzureichen.

Gleichzeitig wird damit auch eine sogenannte Popularklage grundsätzlich ausgeschlossen. Nach §42 Abs. 2 VwGO ist danach nur antrags- oder klagebefügt, wer geltend machen kann, durch einen Verwaltungsakt oder durch dessen Ablehnung in seinen Rechten verletzt zu sein. Ausgangspunkt muss daher immer die eigene Rechtsverletzung sein, was voraussetzt, dass der Kläger überhaupt Rechte hat.

Nach § 42 Abs. 2 VwGO ist nur antrags- oder klagebefugt, wer geltend machen kann, durch einen Verwaltungsakt oder durch dessen Ablehnung in seinen Rechten verletzt zu sein.

Ihnen gegenüber ergeht im Rahmen der Eingriffsverwaltung ein Verwaltungsakt. Als Adressat des Verwaltungsakts soll Ihnen darin eine bisherige Rechtsposition beschnitten oder ganz genommen werden, oder Ihnen wird ein zustehender Anspruch auf Leistungen durch einen Verwaltungsakt verweigert. Dann können Sie stets und allein aufgrund der Tatsache, dass Sie der Adressat sind, in Ihren Rechten verletzt sein.

Ein Dritter hingegen, gegen den dieser Verwaltungsakt nicht ergangen ist, kann sich eben auch nicht auf seine Adressatenstellung berufen. Für das Klagerecht eines Dritten kann sich dann eine Klagebefugnis daher letztlich nur daraus ergeben, wenn auch er in seinen Rechten verletzt sein könnte.

Ein Beispiel. Was bedeutet das in der Praxis? Durch eine Gaststättenkonzession erhält ein Gastwirt eine Sperrzeitregelung bis morgens von 5.00 bis 6.00 Uhr. Der direkt neben der Gaststätte wohnende Nachbar, dem dieser Bescheid nicht bekannt gegeben wurde, erfährt erst nach Eröffnung der Gaststätte von der Sperrzeitregelung von 5.00 bis 6.00 Uhr. Er befürchtet daher erhebliche Lärmbelästigungen durch an- und abfahrende Pkws, Türenschlagen und laute Gespräche.

Für die Klagebefugnis des Nachbarn kommt es jetzt darauf an, ob er geltend machen kann, in einem ihn schützenden subjektiv öffentlichen Recht (siehe Seite 144) verletzt zu sein. Der Nachbar ist grundsätzlich nur dann klagebefugt, wenn das von ihm als verletzt behauptete Recht geeignet ist, nicht nur die Interessen der Allgemeinheit, sondern auch seine persönlichen Individualinteressen zu schützen, also wenn drittschützende Normen verletzt sein können.

In diesem Beispiel ist zu prüfen, ob § 4 Abs. 1 Nr. 3 Gaststättengesetz in Verbindung mit dem Bundesimmissionsschutzgesetz verletzt sein könnte.

Die Ausnahmen: Die fehlende Klagebefugnis für Dritte gilt nach § 42 Abs. 2 VwGO aber nur, soweit nicht durch Gesetz etwas anderes bestimmt ist. Etwas anderes bestimmt ist dazu etwa in §§ 63, 64 Bundesnaturschutzgesetz für etwaige Rechtsbehelfe und Klagen nach der VwGO. Danach können auch vom Bund anerkannte Vereinigungen (anerkannte Naturschutzvereine) unter engen Voraussetzungen klagebefugt sein, gerade ohne dass sie in eigenen Rechten verletzt sind. Sie müssen dazu geltend machen, dass die angegriffene Entscheidung der Verwaltung gegen das Bundesnaturschutzgesetz oder die Naturschutzgesetze der Länder verstößt. In bestimmten Bundesländern können außerdem Verbandsklagen auf der Grundlage der Landesnaturschutzgesetze zulässig sein, ohne dass gerade die Vereinigung oder der Verband in ihren bzw. seinen eigenen, sich aus der jeweiligen Satzung ergebenden Rechten betroffen ist. Dabei ist allerdings entscheidend, dass nur auf das Naturschutzrecht beschränkte Einwendungsmöglichkeiten bestehen und auch nur diese dann zum Prüfungsumfang des Verwaltungsgerichts gehören, womit eine umfangreiche und umfassende Rechtskontrolle der öffentlich-rechtlichen Maßnahme in diesem Verfahren ausgeschlossen ist.

Hierunter fällt etwa auch das Umwelt-Rechtsbehelfsgesetz selbst, welches Umweltverbänden die Möglichkeit eröffnet, Klagen zu erheben, ohne in eigenen Rechten verletzt zu sein. Nach § 2 Umwelt-Rechtsbehelfsgesetz können Vereinigungen, die gemäß § 3 Umwelt-Rechtsbehelfsgesetz anerkannt sind, Klage vor dem Verwaltungsgericht erheben, gerade ohne in eigenen Rechten verletzt zu sein, soweit sie ganz bestimmte Einwendungen gegen Entscheidungen geltend machen, die in § 1 Umwelt-Rechtsbehelfsgesetz aufgelistet sind.

So können die nach § 3 Umwelt-Rechtsbehelfsgesetz anerkannten Vereinigungen wie der BUND, der NABU und ähnliche Umweltverbände gegen Großprojekte wie die Herstellung oder Erweiterung von Autobahnen, eine Erweiterung des Schienennetzes und auch Vertiefungen von Wasserstraßen Klage erheben, ohne in ihren Rechten verletzt zu sein.

Zu den gleichartigen Gesetzen gehören auch das Umweltinformationsgesetz, das Informationsfreiheitsgesetz des Bundes wie auch das Landestransparenzgesetz Rheinland-Pfalz und weitere. Auch diese Vorschriften und Gesetze verzichten darauf, dass für die geforderten Informationen ein subjektiv öffentliches Recht besteht, also ein sich aus dem Gesetz ergebender Anspruch geltend gemacht werden muss. Vielmehr steht der Anspruch auf Information und Auskunft jedem zu, ohne dass er ein individuelles Interesse hierauf geltend machen muss.

Soweit die Auskunft dann durch Verwaltungsakt abgelehnt wird, ist der Antragsteller als Adressat der Ablehnung berechtigt, die Rechtmäßigkeit der Ablehnung der Auskunft gerichtlich überprüfen zu lassen und dementsprechend hiergegen vorzugehen. Wird, aus welchen Gründen auch immer, die Auskunft nicht erteilt, reagiert also die Behörde auf die Anfrage um Auskunft nicht, kann der Auskunftssuchende im Wege der Leistungsklage Auskunft von der Stelle fordern, die die Informationen bereithält.

Warum gehen wir hier darauf so ausführlich ein? Auf diesem Weg können also auch und gerade Nachbarn eines geplanten Großvorhabens weitreichende Informationen und Auskünfte über Vorhaben, Planungen und Ähnliches in ihrer Umgebung anfordern, um damit dann auch ihre eigenen Interessen und Rechte wahrnehmen zu können.

Grundsätzlich genügt für die Klagebefugnis gemäß § 42 Abs. 2 VwGO die Möglichkeit einer Rechtsverletzung, die ein Antragsteller und der Kläger vortragen müssen, um überhaupt den Zugang zu den Gerichten zu eröffnen.

Für die Durchsetzung des Rechts muss sich natürlich die Rechtsverletzung durch den Verwaltungsakt oder durch dessen Unterlassung tatsächlich bestätigen lassen. In § 113 Abs. 1 VwGO heißt es dazu exemplarisch, dass für die Aufhebung eines Verwaltungsakts durch das Gericht dieser rechtswidrig sein muss und den jeweiligen Kläger in seinen Rechten verletzen muss.

Einspruch gegen Baugenehmigung für den Nachbarn

Ein Nachbar wehrt sich gegen eine erteilte Baugenehmigung für ein neues Gebäude auf dem nebenliegenden Grundstück mit zwei Begründungen: Einerseits seien die Fenster in dem genehmigten Gebäude zu klein, um damit im Falle eines Brandes über einen zweiten Rettungsweg Menschen durch die Fenster retten zu können.

Andererseits lässt die Baugenehmigung das Gebäude in einem Abstand von 2,95 Meter zu seiner Grundstücksgrenze zu.

Gesetz und Recht: Es ist unstrittig, dass beide Argumente des Nachbarn zur objektiven Rechtswidrigkeit der Baugenehmigung führen, da einerseits Fenster für einen zweiten Rettungsweg eine bestimmte Größe haben müssen und andererseits der Abstand zur Grundstücksgrenze nach den Abstandsvorschriften mindestens 3 Meter sein muss.

Allerdings kann der Nachbar mit einer etwaigen Klage gegen die Baugenehmigung nur mit dem zweiten Argument durchdringen, dass die Abstände nicht eingehalten sind. Denn während die Vorschriften über die Abstandsflächen drittschützenden Charakter haben, weshalb sich der Nachbar auf deren Einhaltung berufen kann, dient die Einhaltung bestimmter Größen von Fenstern für einen zweiten Rettungsweg ausschließlich der Allgemeinheit und nicht auch dem Schutze des Nachbarn,

Auf die Identität und die Spürbarkeit der Verletzung der drittschützenden Norm kommt es hingegen nicht an, sodass auch ein objektiv nur geringfügiger Verstoß gegen drittschützende Normen grundsätzlich dem Nachbarn zum Erfolg verhelfen kann, soweit das Landesrecht nichts anderes fordert.

Einstweiliger Rechtsschutz

Zunächst haben im öffentlichen Nachbarrecht Widersprüche oder Klagen, auch von Nachbarn und Dritten, aufschiebende Wirkung gemäß § 80 Abs. 1 S. 1 VwGO.

Das bedeutet: Durch den Widerspruch und die Klage ist der Verwaltungsakt nicht nur nicht vollziehbar, sondern vielmehr ist dessen Wirksamkeit gehemmt, kann also keinerlei Rechtswirkungen entfalten, bis über den Widerspruch oder die Klage bestandskräftig entschieden wurde.

Dieses Regelungssystem ist erforderlich, um den Bürger davor zu schützen, dass die Verwaltung aufgrund ihrer Machtposition letztendlich vollendete Tatsachen schafft.

Keine aufschiebende Wirkung: Von dieser Regelung sieht § 80 Abs. 2 Nr. 1 bis Nr. 3 VwGO bereits kraft Gesetzes Ausnahmen vor, wonach Widersprüche und Klagen gegen Verwaltungsakte

- über die Anforderung von Abgaben und Kosten (§ 80 Abs. 2 Nr. 1),
- bei unaufschiebbaren Anordnungen und Maßnahmen von Polizeivollzugsbeamten (§ 80 Abs. 2 Nr. 2)
- sowie in anderen durch Bundesgesetz oder durch Landesgesetz vorgeschriebenen Fällen, (§ 80 Abs. 2 Nr. 3) kraft Gesetzes keine aufschiebende Wirkung haben.

Darüber hinaus kann gemäß § 80 Abs. 2 Nr. 4 VwGO die Behörde selbst durch entsprechende Entscheidung festlegen, dass der konkrete Verwaltungsakt sofort vollziehbar ist, also Widerspruch und Klage keine aufschiebende Wirkung haben sollen. Dies muss dann jeweils gesondert in dem Verwaltungsakt begründet werden.

Eine besondere Vorschrift ist § 80 a VwGO, der eine besondere Regelung für „Verwaltungsakte mit Doppelwirkung" (gegen zwei unterschiedliche Betroffene) aufstellt. Danach kann die Behörde, wenn ein Dritter gegen den an einen anderen gerichteten begünstigenden Verwaltungsakt Widerspruch oder Klage erhebt,

- auf Antrag des Begünstigten die sofortige Vollziehung anordnen (§ 80 a Abs. 1 Nr. 1 VwGO) oder
- auf Antrag des Dritten die Vollziehung aussetzen (§ 80 a Abs. 1 Nr. 1 VwGO).

Auch wenn ein Betroffener selbst gegen einen an ihn gerichteten belastenden Verwaltungsakt, der wiederum einen Dritten begünstigt, Widerspruch oder Klage einlegt, kann die Behörde auf Antrag des begünstigten Dritten die sofortige Vollziehung anordnen (§ 80 a Abs. 2 VwGO).

Auch das Gericht kann gemäß § 80 a Abs. 3 VwGO Anordnungen entsprechend der Abs. 1 und 2 erlassen.

Im Übrigen bleibt für das Gericht noch die Möglichkeit, gemäß § 80 Abs. 5–8 VwGO vorzugehen. Damit wird letztendlich dem Nachbarn oder Dritten auch im Rahmen des Eilverfahrens vorläufiger Drittrechtsschutz gerade auch durch das Prozessrecht gewährt.

Was bedeutet das nun? Der durch den Verwaltungsakt Begünstigte kann nach einem Widerspruch oder einer Klage des Dritten oder Nachbarn bei der Behörde oder dem Gericht einen Antrag auf Anordnung der sofortigen Vollziehung stellen, um zu erreichen, dass er trotz Widerspruchs und Klage von dritter Seite die ihm durch Verwaltungsakt gewährte günstige Position ausnutzen kann.

Das betrifft etwa Nachbarstreitigkeiten gegen immissionsschutzrechtliche Genehmigungen oder gegen gaststättenrechtliche Erlaubnis- und Sperrzeitregelungen. Nicht selten sind auch Streitigkeiten um den Zugang zu einem Marktstandplatz oder Volksfest, der durch die Kommune abgelehnt wurde. Hier kann nur durch ein einstweiliges Rechtsschutzverfahren dem unterlegenen Dritten geholfen werden.

Ein Antrag auf Aussetzung der Vollziehung bei der Behörde beziehungsweise auf Wiederherstellung der aufschiebenden Wirkung bei Gericht kann so verhindern, dass bis zur Entscheidung der Behörde oder des Gerichts vollendete Tatsachen geschaffen werden und somit der betroffene Nachbar oder Dritte seine Rechte nicht mehr durchsetzen kann. Das trifft auf Baugenehmigungen ebenso zu wie auf Sachverhalte, in denen der Begünstigte die aufschiebende Wirkung eines Nachbarwiderspruchs missachtet, indem er etwa eine immissionsschutzrechtliche Genehmigung trotz Widerspruchs ausnutzt oder etwa die genehmigte Festsetzung und Durchführung eines Wochenmarkts trotz eines eingelegten Widerspruchs veranstaltet. Hat der Antrag des Nachbarn Erfolg, werden dadurch begonnene Bauarbeiten gestoppt (Baustopp) oder die Fortsetzung des durch den angegriffenen Verwaltungsakt erlaubten Handelns (hier zum Beispiel Durchführung des Wochenmarkts) untersagt.

Schließlich ist auch der folgende Fall geregelt. Ein Adressat eines ihn belastenden Verwaltungsakts, der einen Dritten oder Nachbarn begünstigt, legt dagegen Widerspruch ein, der aufschiebende Wirkung hat. Die Begünstigung für den Nachbarn greift also für die Dauer des gesamten Verfahrens nicht. Hier kann der begünstigte Dritte jetzt bei der Behörde oder auch bei Gericht einen Antrag auf Anordnung der sofortigen Vollziehung stellen, damit er seine begünstigte Position vorläufig nicht verliert.

Wann tritt so ein Fall ein? Dem Betreiber einer erheblich lärmintensiven Zerkleinerungsanlage wird beispielsweise durch eine Auflage aufgegeben, dass zu bestimmten Tageszeiten nur ein Lärmpegel bis zu 50 dB(A) auf dem Nachbargrundstück zulässig ist. Legt jetzt der Betreiber der Anlage gegen diese Auflage Widerspruch ein oder erhebt Klage, wären von dem Nachbarn wegen der aufschiebenden Wirkung des Widerspruchs zu den bestimmten Tageszeiten bis zum Abschluss des Verfahrens wesentlich höhere Lärmimmissionen hinzunehmen.

Da so etwas zu unzumutbaren Belastungen führen würde, kann in einem solchen Fall der Nachbar oder Dritte zu seinem Schutz bis zum Abschluss des Verfahrens Antrag auf sofortige Vollziehung der Auflage stellen.

Was ist Normenkontrolle?

Nachbarn- oder Drittschutz ist nicht nur gegen einzelne Verwaltungsakte der öffentlichen Hand denkbar, sondern auch gegen allgemein gültige Rechtsvorschriften. Das sind insbesondere Satzungen der Gemeinden und Kreise, die nach den Vorschriften des Baugesetzbuchs erlassen worden sind. Zu den allgemein gültigen Rechtsvorschriften gehören hier auch andere im Rang unter dem Landesgesetz stehende Rechtsvorschriften, sofern das Landesrecht dies bestimmt (§ 47 Abs. 1 VwGO).

Mit einem **Antrag auf Normenkontrolle** können gemäß § 47 Abs. 1 Nr. 1 VwGO insbesondere folgende, nicht abschließend aufgezählte Rechtsvorschriften zur Überprüfung gestellt werden:

- Von der Gemeinde beschlossene Bebauungspläne, die als Satzung beschlossen werden (§ 10 Baugesetzbuch),
- Veränderungssperren (§ 14 BauGB),
- Abgrenzungs-, Abrundungs- und Einbeziehungssatzungen (§ 34 Abs. 4 BauGB),
- Außenbereichssatzungen (§ 35 Abs. 6 BauGB)

Das gemäß § 47 Abs. 1 VwGO für das Normenkontrollverfahren erstinstanzlich zuständige OVG/VGH führt dann auf einen zulässigen Antrag eine objektive Normenkontrolle der zur Überprüfung gestellten Vorschriften anhand höherrangigen Rechtes durch.

Den Antrag auf Normenkontrolle gemäß § 47 Abs. 2 VwGO kann neben Behörden nur eine natürliche oder juristische Person stellen, die geltend machen kann, durch die Rechtsvorschrift oder deren Anwendung in ihren Rechten verletzt zu sein oder in absehbarer Zeit verletzt zu werden. Ein bloßes Interesse an einer Entscheidung des Gerichts reicht auch hier grundsätzlich nicht aus. Es ist erforderlich, aber auch ausreichend für die Antragsbefugnis im Rahmen einer Normenkontrolle, dass Sie als Antragsteller hinreichend substantiiert Tatsachen vortragen, die es zumindest als möglich erscheinen lassen, dass Sie durch den Rechtssatz in einem subjektiven Recht verletzt werden.

Was das bedeutet, wird deutlich bei Normenkontrollanträgen gegen Bebauungspläne gemäß § 10 Baugesetzbuch.

Wenn Sie Eigentümer eines im Geltungsbereich eines Bebauungsplans gelegenen Grundstücks sind, ergibt sich bereits daraus, dass Sie geltend machen können, durch die möglicherweise rechtswidrige Festsetzung im Bebauungsplan in Ihrem Eigentumsrecht aus Art. 14 GG verletzt zu sein.

Die vorhandene Rechtsprechung und Literatur gehen einhellig davon aus, dass der Bebauungsplan eine Inhalts- und Schrankenbestimmung des Eigentums darstellt, die vor Art. 14 GG nur Bestand haben kann, wenn diese Festsetzung auch mit höherrangigem Recht in Einklang steht.

Anders ist das aber dann, wenn sich ein Eigentümer eines Grundstücks gegen einen Bebauungsplan für ein benachbartes Plangebiet wendet. Hier scheidet eine Verletzung von Art. 14 GG von vornherein aus, da durch den Bebauungsplan auf dem benachbarten Gebiet sein Eigentum nicht unmittelbar betroffen ist.

Damit ein Antrag auf Normenkontrolle hier überhaupt zulässig ist, müssen Sie geltend machen können, dass Sie durch den Bebauungsplan beziehungsweise einzelne Festsetzungen darin in Ihren subjektiven Rechten verletzt sein könnten. Hinzu kommt, dass Sie nur Rechte und Vorschriften als verletzt rügen können, die nicht nur die Allgemeinheit, sondern auch Sie selbst als Nachbarn und Dritten zu schützen bestimmt sind..

Bedeutsam wird diese Frage etwa, wenn eine Gemeinde ein neues Gebiet überplant, um dort Gewerbe- oder Industriebetriebe ohne Berücksichtigung irgendwelcher Abstände anzusiedeln, wobei die Gewerbe- und Industriebetriebe aufgrund der neuen Planung in unmittelbarer Nachbarschaft von Wohnbebauung zulässig und möglich sein sollen. Insbesondere an den Grenzen der zwei unterschiedlichen Bebauungspläne kann es da zu Konflikten kommen.

→ Juristischer Trick: Eigentümer werden, um betroffen zu sein

Eine besondere Situation, die im Rahmen der Klagebefugnis insbesondere auch für Interessengemeinschaften diskutiert wird, ist mit dem Schlagwort „Sperrgrundstücksrechtsprechung" umschrieben. Hier wird in unmittelbarer Nähe des geplanten Vorhabens durch ein Mitglied der Interessengemeinschaft ein kleineres Grundstück erworben, um damit künstlich eine Klagebefugnis als Nachbar oder Dritter begründen zu können. Nachdem das Bundesverwaltungsgericht wegen der rein formellen Eigentümerstellung die Klagebefugnis verneint hat, hat das Bundesverwaltungsgericht ausdrücklich bestätigt, dass eine formelle Eigentümerstellung ausreicht, um die Klagebefugnis zu bejahen, ohne dass es darauf ankommt, mit welchem Zweck und mit welchem Willen das Eigentum erworben wurde. Damit ist eine Klage eines Eigentümers eines Sperrgrundstücks möglich und zulässig.

Besondere Bereiche des öffentlichen Nachbarschutzes

Wie bereits ausgeführt, war im Wesentlichen das öffentliche Baurecht Ausgangspunkt für die zwischenzeitlich gefestigte Rechtsprechung zum öffentlichen Dritt- oder Nachbarschutz. Hierfür waren bis in jüngste Zeit im Wesentlichen gerichtliche Entscheidungen von besonderer Tragweite, die den Drittschutz per Auslegung erheblich stärker gewichtet haben.

Im öffentlichen Baunachbarrecht ist zunächst zu unterscheiden zwischen dem

Nachbarrecht im Bauplanungsrecht einerseits und andererseits dem Nachbarrecht nach den jeweiligen Bauordnungen der Länder.

Nachbarrecht im Bauplanungsrecht

Bei dem Nachbarrecht im Bauplanungsrecht ist zu differenzieren nach den Rechten des Nachbarn gegen einen Bauleitplan (Flächennutzungsplan oder Bebauungsplan) und den Rechten des Nachbarn gegen ein bestimmtes einzelnes Vorhaben.

▸ Nachbarrecht gegen die Bauleitplanung

Nach §1 Abs. 3 Baugesetzbuch ist es grundsätzlich Aufgabe der Gemeinde, Bauleitpläne (also Flächennutzungspläne als vorbereitende Bauleitpläne und Bebauungspläne als verbindliche Bauleitpläne) aufzustellen, sobald und soweit es für die städtebauliche Entwicklung und Ordnung erforderlich ist. Das bedeutet aber nicht, dass unmittelbar Betroffene oder auch Nachbarn und Dritte diese Planung, auch und gerade soweit sie im Rahmen der Öffentlichkeitsbeteiligung gemäß §3 BauGB Stellung genommen haben, hinnehmen müssen. Vielmehr können diese Pläne durch einen Antrag auf Normenkontrolle gemäß §47 Abs. 1 VwGO an das OVG/VGH gerichtlich überprüft werden. Nachbarn und Dritte müssen dabei wieder geltend machen können, in ihren Rechten verletzt zu sein.

Allerdings stellen Flächennutzungspläne gemäß §5 BauGB zunächst ein Vorzeichenraster der bauplanerischen Entwicklung in der gesamten Gemeinde dar, die grundsätzlich – Ausnahme gemäß §35 Abs. 3 S. 3 BauGB für die Darstellung von Vorranggebieten – noch keine Außenwirkung haben und daher auch nicht, jedenfalls nicht unmittelbar, im Wege eines gerichtlichen Verfahrens (einem Normenkontrollverfahren) überprüft werden können. Vielmehr ist nur eine indirekte gerichtliche Kontrolle (sogenannte Inzidenterprüfungen) der Wirksamkeit von Darstellungen eines Flächennutzungsplans im Rahmen eines anderen Verfahrens, etwa eines Normenkontrollverfahrens gegen einen Bebauungsplan, möglich.

▸ Nachbarrecht bei Bebauungsplänen

Bei Bebauungsplänen gemäß §8 BauGB, die als Satzung durch die planende Gemeinde beschlossen sind, handelt es sich um parzellen- oder grundstücksgenaue Planungen, die gleichzeitig eine Inhalts- und Schrankenbestimmung des Eigentums gemäß Art. 14 Abs. 2 GG darstellen. Sie können als unmittelbarer Gegenstand einer Normenkontrolle innerhalb einer Jahresfrist ab öffentlicher Bekanntgabe des Satzungsbeschlusses gemäß §47 Abs. 2 VwGO auf entsprechenden Antrag einer objektiven Rechtskontrolle unterzogen werden. Den Antrag kann nur ein Rechtsanwalt stellen.

Als ein Eigentümer, dessen Grundstück unmittelbar durch den Plan überplant und daher betroffen ist, können Sie ohne Weiteres einen Normenkontrollantrag mit der Behauptung stellen, der Bebauungsplan sei objektiv rechtswidrig, da er Umweltbelange oder sonstige öffentliche oder private Belange nicht oder nicht richtig berücksichtigt und abgewogen hat.

Sind Sie dagegen ein Nachbar oder Dritter, der durch den Bebauungsplan nicht unmittelbar betroffen ist, können Sie einen Antrag auf Normenkontrolle nur erheben, wenn Sie durch die Planung in Ihren subjektiv-öffentlichen Rechten verletzt wurden. Hier stellt sich dann die Frage, welche Rechte dafür in Betracht kommen. Dabei muss man davon ausgehen, dass Kernbestand und Kernaufgabe der planenden Gemeinde die Abwägung der unterschiedlichen teilweise widerstreitenden öffentlichen und privaten Interessen und Belange darstellt, worauf bereits §1 Abs. 7 BauGB hinweist. Demnach kommen in erster Linie auch für den Nachbarn und Dritten hier das Recht auf gerechte Abwägung und das Rücksichtnahmegebot im Planungsrecht in Betracht. Diese beiden Gebote haben zugunsten des Nachbarn und Dritten drittschützende Wirkung.

Das Bundesverwaltungsgericht führt in ständiger Rechtsprechung hierzu aus, dass das Recht auf gerechte Abwägung bedeutet, dass alle öffentlichen und privaten Belange gemäß §1 Abs. 7 Baugesetzbuch, die für die Planungsentscheidung erforderlich sind,

- ordnungsgemäß und umfassend ermittelt wurden,
- in die Abwägung eingestellt und
- die einzelnen öffentlichen und privaten Belange letztlich auch zutreffend gewichtet wurden. Sind jedoch zwei widerstreitende Belange (öffentlicher gegen privater) gleich gewichtig, so ist es nicht zu beanstanden, dass die planende Gemeinde den einen Belang dem anderen vorzieht.
  So kann etwa das Eigentumsrecht des Plannachbarn, dessen Grund und Boden durch die Planung nicht unmittelbar betroffen ist, von der Planung dennoch negativ betroffen werden, etwa durch Lärm-, Geruchs- oder Staubeinwirkungen auf sein Grundstück von dem nach dem Bebauungsplan möglichen Gewerbegebiet.

So hatte das BVerwG zu entscheiden, dass ein Nachbar sogar wegen Änderungen eines bestehenden, ihn nicht unmittelbar betreffenden Bebauungsplans befugt ist, diese Änderung im Wege eines Normenkontrollverfahrens durch das Gericht überprüfen zu lassen. Es hat damit die Auffassung des VGH Baden-Württemberg bestätigt, dass der Nachbar einen „abwägungserheblichen Belang auf Fortgeltung und unveränderten Erhalt des ehemaligen Bebauungsplans geltend machen kann“. Kurz: Auch bei Änderungen des gültigen Bebauungsplans kann ein Nachbar oder Dritter mit Recht fordern, dass vom Gericht eine erneute Abwegung der Interessen zu erfolgen hat.

Gleiches gilt auch in folgendem Fall: Ein existierender Gewerbebetrieb wird als Plannachbar dadurch in seiner weiteren Entwicklung und seinen Expansionsmöglichkeiten eingeschränkt, dass in dem neuen Plan nunmehr Nutzungen wie eine Wohnbebauung festgesetzt und zugelassen werden, die mit dem Gewerbebetrieb wegen dessen Lärm-, Geruchs- oder Staubentwicklungen unvereinbar oder jedenfalls unverträglich sind.

Vergleichbar ist die Situation, wenn etwa in der Nähe einer Wohnbebauung, die durch einen Bebauungsplan ausdrücklich festgesetzt oder sich aus der näheren Umgebung ergibt (§ 34 BauGB), nunmehr durch einen neuen Bebauungsplan ein Gewerbe- oder Industriegebiet festgesetzt wird.

Diese Sachverhalte werden unter dem Stichwort „heranrückende Wohnbebauung" diskutiert. Der folgende Fall des OVG Saarlouis hatte sich mit dieser Problematik zu beschäftigen.

Schutz der Wohnbebauung

Die Gemeinde beschloss einen Bebauungsplan, der auf einem etwa 28 500 Quadratmeter großen Gelände einer ehemaligen Sportanlage ein Sport- und Therapiezentrum mit Hotel und Gastronomie festsetzte.

Für das Gesundheitszentrum wurde eine maximale Höhe von 244,0 Meter über NN festgesetzt. Die Zufahrt zu dem Gesundheitszentrum erfolgt nach dem Plan über die südlich des Plangebiets verlaufende Straße.

Antonia ist Eigentümerin eines nördlich des Plangebiets angrenzenden Grundstücks.

Bruno ist Eigentümer eines westlich des Plangebiets befindlichen Grundstücks, welches weniger als 100 Meter von der Zufahrt zum Gesundheitszentrum entfernt liegt.

In dem gegen den Bebauungsplan gerichteten Normenkontrollantrag machen Antonia und Bruno einerseits geltend, dass aufgrund der Höhenfestsetzungen die Gebäude eine Höhe bis zu 16,0 m erreichen könnten, weshalb von dieser Gesamthöhe Auswirkungen auf die unmittelbar benachbarten Grundstücke ausgehen könnten.

Hinzu kämen Lärmbeeinträchtigungen für die Nachbarschaft infolge der Errichtung des Gesundheitszentrums mit Hotel und Gastronomie durch den zunehmenden zu- und abfahrenden Verkehr sowie durch den Anliegerverkehr auf einen in der Nähe liegenden Parkplatz.

Gesetz und Recht: Das OVG hat den Antrag von Antonia als unzulässig und den Antrag von Bruno als unbegründet zurückgewiesen.

Das Grundstück von Antonia liegt nicht im Geltungsbereich des angegriffenen Bebauungsplans. Das Abwägungsgebot vermittle zwar auch den Eigentümern von in der Nachbarschaft des Plangebiets gelegenen Grundstücken Drittschutz gegen planbedingte Beeinträchtigungen, die in adäquatem Zusammenhang mit der Planung stehen und mehr als geringfügig sind. Hierzu gehöre auch ein beachtliches Interesse, von nachteiligen Auswirkungen potenziell störender Nutzungen verschont zu bleiben. Hierzu ist aber erforderlich, dass Antonia und Bruno eigene Belange benennen, die in der Abwägung hätten berücksichtigt werden müssen, sodass eine Rechtsverletzung möglich ist. Die Maximalhöhe von 16,0 Meter für das Gebäude stellt daher schon keine abwägungsrelevante Beeinträchtigung durch das Gesundheitszentrum mit Hotel und Gastronomie dar.

Die zulässigen und festgesetzten Zufahrten zu dem Gesundheitszentrum mit Hotel und Gastronomie liegen im südlichen Bereich, sodass wegen der erheblichen Entfernung des Grundstücks von Antonia insoweit keine Beeinträchtigungen zu befürchten sind, weshalb eine Rechtsverletzung von vornherein ausscheidet.

Auch das Grundstück von Bruno liegt zwar außerhalb des Geltungsbereichs des Bebauungsplans, aber westlich hiervon und damit in unmittelbarer Nähe der Zufahrtsstraße zu dem Gesundheitszentrum. Es ist anerkannt, dass eine planbedingte Zunahme von Verkehrslärm auch unterhalb der einschlägigen Richtwerte zum Abwägungsmaterial gehöre, selbst dann, wenn sie die Schwelle der Geringfügigkeit überschreitet.

Der Schutz der Wohnbebauung vor Verkehrsimmissionen stellt grundsätzlich im Rahmen des Planungsverfahrens einen abwägungserheblichen privaten Belang dar. Der Antrag von Bruno ist daher zulässig, war aber in der Sache nicht erfolgreich, da beachtliche formelle und materielle Fehler des Bebauungsplans nicht festgestellt werden konnten. (OVG Saarlouis Urteil vom 6.9.2018 Az. 2 C 623/16).

Fazit: Grundsätzlich kann daher ein Plannachbar, der sich auf eine schutzwürdige Nutzung beruft – etwa eine Wohnnutzung –, einen Plan abwehren, der eine mit der Wohnnutzung unvereinbare, immissionsschutzrechtliche Nutzung auf dem Nachbarplan erlaubt.

Dies gilt im umgekehrten Fall ebenso! Ein Plannachbar im Außenbereich etwa, der bereits einen emittierenden Betrieb (Lärm-, Geruchs- oder Staubimmissionen) führt, kann sich davor schützen , dass in der Nachbarschaft nicht immissionsverträgliche Nutzungsarten wie eine reine Wohnbebauung zugelassen werden.

Nachbarschutz gegen Baugenehmigungen

Von der soeben beschriebenen Situation zu unterscheiden sind die nachbarlichen Rechte, wenn ein Bebauungsplan als qualifizierter Bebauungsplan (§30 Abs. 1 Baugesetzbuch) oder als einfacher Bebauungsplan (§30 Abs. 3 BauGB) als Satzung beschlossen und bestandskräftig ist (§10 Baugesetzbuch).

Zu unterscheiden ist wiederum der Fall, dass ein Bebauungsplan nicht vorhanden ist und das Bauvorhaben auf einem Grundstück im unbeplanten Innenbereich (§34 BauGB) oder im Außenbereich (§35 BauGB) verwirklicht werden soll (siehe „Nachbarschutz ohne Bebauungsplan“ Seite 133).

Von einem **qualifizierten Bebauungsplan** spricht man, wenn der Plan allein oder neben sonstigen baurechtlichen Bestimmungen mindestens Festsetzungen über

- Art und Maß der baulichen Nutzung,
- die überbaubare Grundstücksfläche,
- die örtlichen Verkehrsflächen enthält.

Fehlt in dem Bebauungsplan nur eine der genannten Mindestfestsetzungen, liegt ein **einfacher Bebauungsplan** im Sinne des §30 Abs. 3 Baugesetzbuch vor.

In der **BauNVO** (BauNVO) sind abschließend geregelt:

- Mögliche Festsetzungen über die Art der baulichen Nutzung gemäß §9 Abs. 1 Nr. 1 Baugesetzbuch, also über den Gebietscharakter wie etwa ein reines oder allgemeines Wohngebiet, ein Dorfgebiet oder Gewerbegebiet,
- Festsetzungen über das Maß der baulichen Nutzung gemäß §9 Abs. 1 Nr. 1 Baugesetzbuch, also über die bauliche Ausnutzbarkeit des einzelnen Grundstücks nach Geschossflächenzahl, Grundflächenzahl oder die Baumasse,
- Die überbaubare Grundstücksfläche gemäß §9 Abs. 1 Nr. 2 BauGB wird gemäß §23 BauNVO bestimmt durch Festsetzungen von Baulinien, auf die gebaut werden muss, Baugrenzen oder Bebauungstiefen, die nicht überschritten werden dürfen.

Darüber hinaus können in einem Bebauungsplan weitere in §9 Abs. 1 Nr. 3 bis 25 Baugesetzbuch abschließend aufgezählte Festsetzungen enthalten sein, die als Satzung Rechtsnormcharakter haben.

Ist ein qualifizierter oder einfacher Bebauungsplan bestandskräftig, können in zwei zu unterscheidenden Situationen nachbarrechtliche Fragestellungen zum Tragen kommen.

1. Einerseits kann es Situationen geben, in denen der Nachbar oder ein Dritter, dessen Grundstück innerhalb des maßgebenden Bebauungsplans liegt, sich gegen ein von der Behörde genehmigtes Bauvorhaben innerhalb des Plangebiets wendet. Hier kann sich der Nachbar weitreichend sowohl auf den Gebietserhaltungsanspruch stützen, also die Einhaltung der planungsrechtlichen Festsetzungen fordern, wenn das genehmigte Vorhaben gegen die Festsetzung der Art der Nutzung verstößt. Genauso kann er auch das Rücksichtnahmegebot einfordern.
2. Wenn allerdings der betroffene Nachbar oder ein Dritter außerhalb des maßgebenden Bebauungsplans gegen ein genehmigtes Bauvorhaben innerhalb des Bebauungsplans Einwendungen erhebt, kann der Nachbar nur eine

Verletzung des Rücksichtnahmegebots rügen.

In beiden Fällen muss der betroffene Nachbar oder Dritte jedenfalls gemäß §70 VwGO innerhalb der Frist von einem Monat beziehungsweise, wenn die Baugenehmigung dem Nachbarn oder Dritten nicht bekannt gegeben wurde, gemäß §58 VwGO innerhalb eines Jahres Widerspruch beziehungsweise Klage erheben. Andernfalls wird die dem Bauherrn erteilte Baugenehmigung auch dem Nachbarn oder Dritten gegenüber bestandskräftig. Zwei Beispiele sollen dies verdeutlichen.

Überdimensionales Gebäude

Sehen wir uns noch einmal den Fall des Segelvereins Sturmwind an (siehe Seite 29): In einem aus dem Jahr 1959 bekannt gemachten Bebauungsplan war für die Ufergrundstücke ein Erholungsgebiet festgesetzt, wobei das Maß der baulichen Nutzung mit 1,0 Kubikmeter umbauten Raumes je Quadratmeter Baugrundstück, eine offene Bauweise und eine zulässige Geschosszahl von zwei Vollgeschossen festgesetzt waren.

Ein Bauherr beantragte für ein innerhalb des Geltungsbereichs des Bebauungsplans liegendes Grundstück eine Baugenehmigung für ein geplantes Gebäude mit sieben Vollgeschossen und einer Baumassenzahl von 4,3 Kubikmeter auf 1 Quadratmeter Grundfläche.

Das Bauamt erteilte die Genehmigung, sodass der Grundstücksnachbar, der ein Gebäude mit drei Vollgeschossen errichtet hatte, Widerspruch und danach Klage erhob.

Gesetz und Recht: Die Festsetzungen der Art der baulichen Nutzung in einem Bebauungsplan, die vorliegend nicht von Bedeutung sind, da ein Sondergebiet festgesetzt ist, sind objektiv drittschützend. Die Festsetzung des Maßes der baulichen Nutzung ist nach ständiger Rechtsprechung nur dann drittschützend, wenn die planende Gemeinde dies ausdrücklich kundgetan hat. Der Drittschutz einer Maßfestsetzung muss sich demnach unmittelbar und explizit aus dem Bebauungsplan selbst ergeben.

Eine solche explizite Bestimmung des Drittschutzes durch die planende Gemeinde war in Bezug auf die festgesetzten Maße der baulichen Nutzung, nämlich die Festsetzungen der Anzahl der Vollgeschosse und die Festsetzung der maximal zulässigen Baumasse, hier gerade nicht zu entnehmen.

Jedoch war der Bebauungsplan schon 1959 beschlossen worden, als es die erst nach 1960 eintretende Rechtsprechung zum Drittschutz noch nicht gab und daher von der Gemeinde auch nicht hätte beachtet werden können.

Allerdings können Maßfestsetzungen, und darauf kommt es hier entscheidend an, ohne ausdrücklich festgestellte Willensbekundungen der Gemeinde dann drittschützende Wirkung zukommen, wenn sie nach dem Planungskonzept Bestandteil eines wechselseitigen nachbarlichen Austauschverhältnisses sind.

Was bedeutet das nun? Das Gericht hat hier seine strikte Rechtsprechung, dass Maßfestsetzungen für die Bebauung nur dann Drittschutz zukommt, wenn die Gemeinde dies ausdrücklich bestimmt hat, etwas gelockert und lässt es nunmehr auch zu, Drittschutz anzunehmen, wenn die Gemeinde dies nicht ausdrücklich bestimmt hat. Es kann sich nun auch durch Auslegung des Planes der Wille der Gemeinde ergeben, dass der Festsetzung des Maßes der baulichen Nutzung drittschützende Wirkung zukommen solle.

Eine Besonderheit war weiter zu berücksichtigen: Der Verein hatte gegen die Festsetzung selbst verstoßen, was eigentlich unter dem Gesichtspunkt von Treu und Glauben dazu führt, dass er sich nicht auf die Verletzung der Festsetzungen durch den Nachbarn berufen kann.

Allerdings sprengt das nunmehrige Vorhaben des Nachbarn die Festsetzungen derart massiv (Geschosszahl: dreifach; Baumasse mehr als vierfach), dass sich der Verein dennoch auf die Festsetzung des Bebauungsplans berufen kann.

Ergebnis: Die Baugenehmigung für den Nachbarn wurde damit insgesamt aufgehoben.

Gebietserhaltung

In einem weiteren Fall genehmigte das Bauamt eine Solaranlage, die auf einem Grundstück errichtet werden soll, für das in einem bestandskräftigen Bebauungsplan ein Gewerbegebiet festgesetzt war.

Der außerhalb des Plangebiets ansässige Nachbar wollte die Errichtung der Solaranlage verhindern und machte geltend, dass diese in einem Gewerbegebiet nicht genehmigungsfähig und nicht zulässig sei. Auch gingen von der Anlage schädliche Umwelteinwirkungen aus.

Das Gericht hat den Antrag, die aufschiebende Wirkung des Widerspruchs/der Klage anzuordnen (§ 212a Baugesetzbuch) abgelehnt.

Gesetz und Recht: Der Gebietsbewahrungsanspruch gibt den Eigentümern von Grundstücken in einem durch Bebauungsplan festgesetzten Baugebiet (§ 9 Satz 1 Nr. 1 BauGB, § 1 Abs. 3 BauNVO) das Recht, sich gegen hinsichtlich der Art der baulichen Nutzung nicht zulässige Vorhaben zur Wehr zu setzen. Dies begründet sich daraus, dass die Grundstückseigentümer durch die Lage ihrer Anwesen in demselben Baugebiet zu einer Gemeinschaft verbunden sind, bei der jeder in derselben Weise berechtigt und verpflichtet ist. Durch diese wechselseitig wirkende Bestimmung von Inhalt und Schranken des Grundeigentums (Art. 14 Abs. 1 Satz 2 GG) hat jeder Eigentümer – unabhängig von einer konkreten Beeinträchtigung – das

Recht, sich gegen eine Umwandlung des Gebiets durch Zulassung einer gebietsfremden Nutzung zur Wehr zu setzen.

Da der Gebietsbewahrungsanspruch auf der wechselseitigen Eigentumsbindung innerhalb eines Bebauungsplans beruht, kann er einem Eigentümer, dessen Grundstück sich außerhalb des Baugebiets befindet, nicht zustehen.

Mit einer Baugebietsfestsetzung kann die Gemeinde jedoch auch den Zweck verfolgen, Nachbarn außerhalb des Baugebiets einen Anspruch auf Gebietserhaltung zu geben. Eine Baugebietsfestsetzung hat eine derartige über die Gebietsgrenze hinausreichende drittschützende Wirkung aber nur, wenn sich aus der Begründung des Bebauungsplans oder anderer Unterlagen des Planaufstellungsverfahrens ein entsprechender Planungswille der Gemeinde entnehmen lässt. Nur dann steht den Nachbarn des Baugebiets ein baugebietsübergreifender Gebietsbewahrungsanspruch zu.

Hieran scheiterte in dem Fall der Kläger, da sich aus der Begründung des Bebauungsplans nirgends entnehmen ließ, dass die Festsetzung des Gewerbegebiets zum Schutz auch der außerhalb des Plangebiets vorhandenen Nutzungen dienen sollte.

Ein derartiger Schutz kommt etwa in Betracht, wenn in der Begründung des Bebauungsplans ausdrücklich bestimmte Arten der Nutzung wegen eines Betriebs außerhalb des Plangebiets unzulässig sind.

So kann in einem Mischgebiet gemäß § 6 BauNVO die Zulässigkeit von Vergnügungsstätten mit der ausdrücklichen Begründung ausgeschlossen sein, dass sich außerhalb des Mischgebiets eine Schule befindet. Der Schulträger – eventuell auch die Eltern der Schüler – kann dann die Zulassung einer Vergnügungsstätte im Mischgebiet verhindern.

Zurück zum Fall mit der Solaranlage. Sofern hier geltend gemacht wird, dass durch die Anlage schädliche Umwelteinwirkungen entstehen, ist damit das dem Nachbarn zustehende Gebot der Rücksichtnahme angesprochen. Dies kann zwar auch ein Nachbar außerhalb des Plangebiets geltend machen, allerdings war im konkreten Fall weder eine Blendwirkung der Module zulasten des Nachbarn zu erwarten noch bestand eine Gesundheitsgefahr aufgrund von Elektrosmog.

Fazit: Der Nachbar außerhalb des Plangebiets konnte diese Einsprüche also nicht geltend machen.

Diese beiden für den Nachbarschutz typischen Beispiele aus der Rechtsprechung zeigen anschaulich die unterschiedlichen Einwendungsmöglichkeiten der jeweiligen Nachbarn aufgrund der individuellen situationsgebundenen Betroffenheit. Auch wird die unterschiedliche Dimension der Einwendungen erkennbar.

Sind Sie wie im ersten Fall als Nachbar oder Dritter in den Geltungsbereich des Bebauungsplans eingebunden, können Sie beanspruchen, dass die Festsetzungen des Bebauungsplans eingehalten werden. Dies gilt nicht nur, was die Festsetzung der Art der baulichen Nutzung als generell-abstrakt drittschützende Norm anbelangt (Gebietserhaltungsanspruch), sondern auch, wenn die Baugenehmigung in unzulässiger Weise von den Festsetzungen des Maßes der baulichen Nutzung abweicht, soweit die Maßfestsetzung nach dem Willen des Plangebers explizit drittschützende Wirkung haben soll.

Als Nachbar im Geltungsbereich des Bebauungsplans können Sie auf die Einhaltung der Festsetzungen des Bebauungsplans aufgrund dessen inhalts- und schrankenbestimmender Wirkung deshalb bestehen, weil auch Sie selbst durch die Festsetzungen gebunden sind, was letztlich nicht nur für die Art, sondern auch für die Festsetzung des Maßes der baulichen Nutzung gilt. Alle Eigentümer von Grundstücken innerhalb des Plangebiets bilden ja eine „Schicksalsgemeinschaft", für die im Grunde gleiches Recht gilt.

Darüber hinaus, das war allerdings in diesem Fall nicht von Bedeutung, kann der Nachbar sich auch auf das Gebot der Rücksichtnahme berufen, wie es etwa in §15 BauNVO seinen Niederschlag gefunden hat.

Sind Sie wie im zweiten Fall als Nachbar oder Dritter Eigentümer eines außerhalb des Geltungsbereichs des Bebauungsplans gelegenen Grundstücks, ist Ihnen die Berufung auf Festsetzungen des Bebauungsplans grundsätzlich verwehrt, selbst wenn diesen abstrakt generell Drittschutz zukommt wie die Art der baulichen Nutzung, . Sie gehören gerade nicht zu der durch den Bebauungsplan begründeten Schicksalsgemeinschaft.

Als Nachbar oder Dritter außerhalb des Geltungsbereichs des Bebauungsplans bleibt Ihnen daher nur die Möglichkeit, sich auf das allgemeine Rücksichtnahmegebot etwa aus §15 Baunutzungsverordnung, als auf ein auch Sie schützendes Prinzip zu berufen. Dazu müssen Sie aber konkret Beeinträchtigungen und Verletzungen Ihrer Rechtsposition, etwa die Beeinträchtigung Ihrer Gesundheit oder auch Lärm- und Geruchsbelästigungen, die von dem genehmigten Vorhaben ausgehen, geltend machen, die über das zumutbaren Maß hinausgehen.

Diese Zumutbarkeitsgrenzen werden für die unterschiedlichen Situationen durch die Technische Anleitung Lärm (TA Lärm) und Technische Anleitung Luft (TA Luft) als antizipierte (vorgezogene) Sachverständigengutachten sowie durch vielfältige DIN-Vorschriften bestimmt.

Nachbarschutz ohne Bebauungsplan

Liegt kein Bebauungsplan vor, richtet sich die Zulässigkeit eines Bauvorhabens für den ungeplanten Innenbereich (innerhalb einer Ortschaft) nach §34 BauGB oder für den Außenbereich nach §35 Baugesetzbuch. Der Außenbereich ist mit eng begrenzten Ausnahmen (vgl.: § 35 Abs. 2 und 3 Baugesetzbuch) grundsätzlich von der Bebauung freizuhalten, wobei die Abgrenzung mitunter schwierig ist.

Im Innenbereich muss sich das Bauvorhaben nach der Art und dem Maß der baulichen Nutzung, der Bauweise und der überbaubaren Grundstücksfläche in die nähere Umgebung einfügen. Für den Innenbereich nach § 34 BauGB sind sodann zwei Fallgruppen zu unterscheiden.

Ausgangspunkt ist zunächst, dass das Bauvorhaben in einem Ortsteil einer Gemeinde verwirklicht werden soll, für den ein Bebauungsplan nicht existiert. Dann kommt es für die planungsrechtliche Zulässigkeit entscheidend darauf an, ob sich das Vorhaben in die nähere Umgebung einfügt.

Und hier unterscheidet das Gesetz nunmehr danach,

- ob die nähere Umgebung gemäß § 34 Abs. 2 BauGB einem in §§ 2 bis 11 der BauNVO bezeichneten und definierten Baugebiet – also etwa einem Wohngebiet (§§ 3–4a BauNVO) oder Kerngebiet (§ 7 BauNVO) – entspricht oder
- ob die Umgebung diffus ist und keinem der in der BauNVO bestimmten Gebiete zugeordnet werden kann, sodass es bei der Anwendung von § 34 Abs. 1 BauGB verbleibt.

Entspricht die nähere Umgebung, deren Ausmaß und Umfang letztendlich vom Gericht bestimmt wird, einem der in der BauNVO beschriebenen und definierten Baugebiete, bestimmt § 34 Abs. 2 Baugesetzbuch, dass dann nur Bauvorhaben seiner Art nach zulässig sind, die nach der jeweiligen Gebietsbeschreibung der BauNVO generell zugelassen werden können. So können etwa in einem Gebiet, das sich als allgemeines Wohngebiet nach § 4 Abs. 1 BauNVO (das Gebiet dient vorwiegend dem Wohnen) darstellt, neben Wohngebäuden nur die der Versorgung des Gebiets dienende Läden, Schank- und Speisewirtschaften, nicht-störende Handwerksbetriebe und Anlagen für kirchliche, kulturelle, soziale, gesundheitliche und sportliche Zwecke zugelassen werden.

Damit sind etwa Neubauten oder Nutzungsänderungen mit dem Ziel, eine Pizzeria mit Hol- und Lieferservice zu betreiben, oder die Errichtung eines Schnellimbisses vorwiegend für Laufkundschaft oder etwa die Übernahme einer kleinen Gaststätte durch einen Sternekoch ausgeschlossen.

Wenn ein Bebauungsplan nicht vorhanden ist, das Gebiet der näheren Umgebung aber einem in der BauNVO aufgeführten Gebietstyp entspricht, gelten letztlich für die Zulässigkeit von Bauvorhaben die gleichen Grundsätze und Kriterien, als wäre ein Bebauungsplan mit dem entsprechenden Inhalt bekannt gemacht. Es handelt sich hierbei um eine Art „Ersatzbebauungsplan“, da letztendlich die bestehende Bebauung aufgrund der jeweils erteilten Baugenehmigungen von der Gemeinde akzeptiert und geduldet wurde.

Fazit: Für einen Nachbarn, dessen Grundstück in der näheren Umgebung liegt und der sich gegen ein neues Bauvorhaben wendet, gilt demnach im Grunde das Gleiche wie für den Eigentümer eines in einem Bebauungsplangebiet gelegenen Grundstücks.

Das Bundesverwaltungsgericht hat gerade wegen der vergleichbaren Situation von einem im Bebauungsplan ausdrücklich festgesetzten Baugebiet zu einem in der näheren Umgebung vorhandenen faktischen Baugebiet in einem unbeplanten Innenbereich dem Nachbarn gleichermaßen einen Gebietserhaltungsanspruch zugebilligt.

Demnach kann ein Nachbar auch in einem unbeplanten Innenbereich, der einem der Baugebiete der Baunutzungsverordnung entspricht, gegen dort nicht zugelassene und nicht zulassungsfähige Vorhaben mit dem Argument vorgehen, dass dadurch der Gebietscharakter der näheren Umgebung verändert wird. Dies mag folgender Fall veranschaulichen.

Expansionspläne der Spedition gestoppt

In einem Ort, für den ein Bebauungsplan nicht besteht und der aufgrund seiner dörflichen Struktur als Dorfgebiet (§ 5 BauNVO) einzustufen ist, ist 1996 ein Fuhrunternehmen zugelassen und genehmigt worden, zu dem eine Garage gehörte, in der maximal zwei kleine Transportfahrzeuge untergebracht werden konnten.

Das Unternehmen expandierte (ohne Genehmigungen) und hatte 2004 bereits zehn Lkw. Die Fahrzeuge wurden, da die Garagenkapazität nicht ausreichte, vermehrt auf dem Vorplatz des Unternehmens abgestellt und teilweise mit Kompressoren repariert. Die Garage diente inzwischen als Werkstatt; auch war eine Diensttankstelle errichtet worden. Diesem Fuhrunternehmen gegenüber steht in einer Entfernung von etwa 20 Meter auf dem Nachbargrundstück ein Wohngebäude.

Als der Fuhrunternehmer 2008 seinen Betrieb zu einem Speditionsunternehmen mit noch mehr Fahrzeugen erweitern wollte und die Behörde sowohl die bisher nicht genehmigten sowie die neuen Erweiterungen genehmigte, widersprach der Nachbar auf dem Wohngrundstück – mit Erfolg.

Gesetz und Recht: Das Bundesverwaltungsgericht sah zunächst in der näheren Umgebung ein faktisches Dorfgebiet gemäß § 34 Abs. 2 BauGB in Verbindung mit § 5 BauNVO, in dem ein derartiges Vorhaben nicht zulässig ist. Zunächst war für die Beurteilung als faktisches Dorfgebiet die nähere Umgebung maßgebend, ohne dass das Vorhaben-Grundstück mit einbezogen wurde.

Wird aber das Vorhaben-Grundstück mit in die Beurteilung einbezogen, wie dies von der Rechtsprechung grundsätzlich gefordert wird, hätten sich die Nachbarn nur auf das Rücksichtnahmegebot aus §15 BauNVO berufen können.

Das Bundesverwaltungsgericht hat jedoch nunmehr festgehalten, dass für die Beurteilung der näheren Umgebung nicht nur ein baulicher Fremdkörper außer Betracht bleiben muss, sondern auch ungenehmigte Nutzungen eines Grundstücks, soweit sie nicht durch die Behörde in dem Sinne geduldet werden, dass die Behörde sich mit deren Existenz abgefunden hat. Hinzu kam hier zudem, dass die bisher nicht genehmigten Nutzungen Gegenstand der beantragten Baugenehmigung waren, diese also jetzt erst legalisiert werden sollten. Wenn derartig rechtswidriges Handeln als vorhandene Bebauung die nähere Umgebung prägen würde, könnte jeder Vorhabenträger selbst jeweils die Voraussetzungen für die Genehmigung seines weiteren Vorhabens schaffen beziehungsweise verbessern.

Hier wird deutlich, dass durch die ständigen rechtswidrigen Erweiterungen des Unternehmens eine schleichende Veränderung des Gebietscharakters von einem Dorfgebiet wohl in ein Gewerbe- oder Mischgebiet einherging, dem das Bundesverwaltungsgericht eine Absage erteilt hat, indem es den Gebietserhaltungsanspruch zugunsten des Nachbarn in einem unbeplanten Innenbereich gemäß §34 Abs. 2 BauGB bejaht und eine Veränderung des zu betrachtenden Baugebiets durch rechtswidrige Maßnahmen letztendlich abgelehnt hat.

Wesentlich schlechter ist die Situation des Nachbarn, wenn sich die vorhandene Bebauung in der näheren Umgebung keinem in der BauNVO genannten Gebietstyp zuordnen lässt, sich die Umgebung vielmehr als diffus darstellt. Hier spricht man von einer Gemengelage, also einer Mischung unterschiedlicher Nutzungen in einem Gebiet.

Ein Vorhaben in einem derartigen Gebiet gemäß §34 Abs. 1 BauGB ist zulässig, wenn sich das Vorhaben „nach der Art und dem Maß der baulichen Nutzung, der Bauweise und nach der überbaubaren Grundstücksfläche in die nähere Umgebung einfügt".

Nach der Art oder dem Maß der baulichen Nutzung fügt sich ein Vorhaben nur dann ein, wenn es sich innerhalb des durch die vorhandene Bebauung vorgegebenen Rahmens hält, also quasi bauliche Vorbilder in der Umgebung vorhanden sind. Sind etwa in der näheren Umgebung Wohnhäuser sowie ehemals landwirtschaftlich genutzte Gebäude vorhanden, ist eine Werkstatt zur Reparatur landwirtschaftlicher Fahrzeuge und Geräte mangels vergleichbarer Nutzungen unzulässig, da nichts der Art nach Vergleichbares in dem maßgebenden Umfeld vorhanden ist; es gibt kein Vorbild.

Nach der bisherigen Rechtsprechung kann ein Nachbar, der in der Nähe des beabsichtigten Neubaus wohnt und lebt, in dieser Situation (kein gesetzlich in der BauNVO vorgegebener und beschriebener Gebietstyp) keinen Gebietserhaltungsanspruch beanspruchen. Sie haben als Nachbar demnach nicht die Möglichkeit und keinen Anspruch, in Bezug auf die Erhaltung der Art der vorhandenen baulichen Nutzung in der Umgebung ein Vorhaben zu verhindern. Allerdings wird diese rigorose Rechtsprechung inzwischen mit erheblichen Argumenten in Zweifel gezogen.

Als Nachbar bleibt Ihnen nach der aktuellen Rechtsprechung damit nur noch geltend zu machen, dass auf Sie Rücksicht zu nehmen ist. Das Bundesverwaltungsgericht hat das Gebot der Rücksichtnahme, welches drittschützenden Charakter hat, dem Begriff des „Einfügens" in § 34 Abs. 1 entnommen. Rücksichtnahme in diesem Sinne bedeutet, dass eine Abwägung zu erfolgen hat zwischen dem, was einerseits dem Bauwilligen und andererseits den von dem Bauvorhaben nachteilig betroffenen Dritten nach Lage der Dinge zugemutet werden kann.

Damit ist eine Abwägung der gegenseitigen Interessen des Bauwilligen und des oder der Nachbarn im Rahmen einer Ermessensentscheidung durch die Baubehörde gefordert. Nachbarschutz kann daher in diesem Fall in der Regel nur dann greifen, wenn ausnahmsweise die Interessen des Nachbarn oder Dritten die Interessen des Bauherrn an der Verwirklichung des Vorhabens übersteigen.

„Der Drittschutz oder Nachbarschutz ist im unbeplanten Innenbereich (§ 34 Abs. 1 Baugesetzbuch) auf krasse Ausnahmefälle beschränkt.

Damit wird aber der Drittschutz oder Nachbarschutz im Anwendungsbereich des § 34 Abs. 1 BauGB (unbeplanter Innenbereich) nach der Rechtsprechung auf krasse Ausnahmefälle beschränkt.

In dem beschriebenen Fall der Wohnbebauung mit landwirtschaftlicher Nutzung hat das Verwaltungsgericht im Rahmen des Rücksichtnahmegebots insbesondere akzeptiert, dass die Baubehörde die Werkstatt zugelassen und dabei eine zulässige Lärmbelastung für ein Dorfgebiet zugrunde gelegt hat, obwohl das Gericht von einer Gemengelage im Sinne des § 34 Abs. 1 BauGB und gerade nicht von einem Dorfgebiet gemäß § 34 Abs. 2 Baugesetzbuch, § 5 BauNVO ausgegangen ist.

Nachbarschutz im Bauordnungsrecht

Während das eben beschriebene Bauplanungsrecht Bundesrecht darstellt, handelt es sich beim Bauordnungsrecht um Landesrecht, sodass in den Bundesländern mitunter erheblich unterschiedliche Bestimmungen gelten, auf die hier im Einzelnen nicht gesondert eingegangen werden kann. Aus diesem Grunde stellen wir hier nur besonders bedeutsame Vorschriften vor, denen Nachbar- beziehungsweise Drittschutz zukommt.

Vorweg gilt aber ausnahmslos, dass das Bauordnungsrecht zum besonderen Polizeirecht und damit zum Gefahrenabwehrrecht zählt. Insoweit enthalten die Bauordnungen neben Vorschriften über das einzuhaltende Verfahren der Baubehörde – insbesondere auch die Ermächtigung, gegen baurechtswidrig errichtete oder genutzte bauliche Anlagen einzuschreiten – im Wesentlichen Vorschriften über allgemeine Anforderungen, Bestimmungen über das Grundstück, Bestimmungen über die bauliche Anlage und die Beteiligten am Bau.

Die Rechtsprechung hat letztlich gerade unter dem Gesichtspunkt des Rücksichtnahmegebots unterschiedlichen Vorschriften des Bauordnungsrechts nachbar- und drittschützenden Charakter zuerkannt.

▸ Was gilt für Abstandsflächen?

Insbesondere hervorzuheben und die weitaus wichtigsten Bestimmungen für den Bereich des Nachbarschutzes sind die Regelungen über die Abstandsflächen, wodurch der einzuhaltende Abstand zwischen zwei Baukörpern auf unterschiedlichen Grundstücken bestimmt wird. Auch wenn in den einzelnen Bundesländern die Regelungen über die Abstandsflächen im Detail variieren, so entsprechen sie sich dennoch inhaltlich weitestgehend.

Nach allen Bauordnungen sind vor oberirdischen Gebäuden Abstandsflächen freizuhalten. Dort dürfen keine baulichen Anlagen errichtet werden, soweit nicht konkrete Ausnahmen geregelt sind. Die Abstandsflächen sind je nach Baugebiet, in dem das neue Gebäude erstellt werden soll, unterschiedlich von der jeweiligen Grundstücksgrenze zu messen.

Für die Tiefe der Fläche maßgebend ist dabei in aller Regel die Höhe der Außenwand, gemessen von der Geländeoberfläche bis zur Dachhaut, die dann mit dem Faktor 0,4 (für Rheinland-Pfalz) zu multiplizieren ist. Die als Mindesttiefe der Fläche darf in keinem Fall 3 Meter unterschreiten, was in der Regel bei Ein- oder Zweifamilienhäusern gilt.

In Gewerbe- und Industriegebieten beträgt der Faktor 0,25 (für Rheinland-Pfalz). Soll also in Rheinland-Pfalz in einem Gewerbegebiet die maßgebende Höhe der Außenwand für ein zu errichtendes Gebäude 15 Meter sein, so ist diese Höhe gemäß § 8 Abs. 6 Landesbauordnung Rheinland-Pfalz mit dem Faktor 0,25 zu multiplizieren, sodass die Tiefe der Abstandsfläche 3,75 Meter beträgt.

Es ist in der Rechtsprechung schon lange anerkannt, dass die Vorschriften über die Abstandsflächen in den jeweiligen Bauordnungen nicht nur dem Brandschutz, der Gesundheit sowie der Belüftung, also der Allgemeinheit, dienen, sondern auch dem

Schutz der jeweiligen Nachbarn im Sinne der Landesbauordnung.

Es steht daher außer Frage, dass der Grundstücksnachbar, und nur dieser, sich gegen ein Bauvorhaben wenden kann, welches die Regeln über die Abstandsflächen in den jeweiligen Bauordnungen verletzt.

Eine Sonderstellung nehmen dabei die Denkmalschutzgesetze der Länder ein, die eine Abstandsregelung zugunsten des Denkmals statuieren, auf die sich der Eigentümer eines Denkmals berufen kann, wenn durch eine Nachbarbebauung eine Sichtbeeinträchtigung auf das Denkmal erfolgt (Umgebungsschutz).

Achtung: Abstandsregelungen und Anbauverbote in anderen Gesetzen wie etwa dem Fernstraßengesetz (FernStG) oder für Hochspannungsfreileitungen gemäß Bundesimmissionsschutzgesetz (BImSchG) kommt keinerlei nachbar- oder drittschützende Wirkung zu, auf die Sie sich als Nachbar berufen könnten.

Häufig und typisch sind dafür Fälle, in denen etwa ein Wohnhaus mit einem Abstand von mindestens 3 Metern zur Grundstücksgrenze errichtet werden soll und in dem 3 Meter breiten Streifen zwischen Wohnhaus und Grundstücksgrenze eine Garage geplant wird. Dabei ist in allen Bauordnungen der Länder zugelassen, dass in den Abstandsflächen, in denen grundsätzlich keine bauliche Anlage errichtet werden darf, Garagen, aber auch Carports und sonstige Gebäude ohne Aufenthaltsräume und Feuerstätten, errichtet werden dürfen, soweit bestimmte weitere Voraussetzungen und Bedingungen erfüllt sind (zum Beispiel § 8 Abs. 9 Landesbauordnung Rheinland-Pfalz).

Problematisch wird es, wenn in oder auf der Garage auch Räume geplant sind, die nicht eindeutig zuzuordnen sind und die eventuell auch unmittelbar von dem Wohnhaus aus genutzt werden können.

So hatte das OVG Koblenz einen Fall zu entscheiden, in dem sich die Klägerin – Eigentümerin des mittleren von insgesamt drei Reihenhäusern – gegen eine erfolgte Baugenehmigung zur Wehr setzte, die dem Nachbarn gestattete, entlang der Grundstücksgrenze einen Anbau zu errichten, der vom Untergeschoss des Wohnhauses unmittelbar betreten werden konnte.

Des Weiteren war die Begehung des Flachdachs des Anbaus als Terrasse ohne Abstände zugelassen und genehmigt. Das Gericht hat auf die Klage hin die Baugenehmigung aufgehoben, da nicht ausgeschlossen werden konnte, dass der Anbau aufgrund der Ausstattung als Aufenthaltsraum dient. Auch sah es die Abstandsflächen in Bezug auf das begehbare Dach als verletzt an.

Hierher gehören auch Fälle, in denen eine bestehende Garage „umgenutzt“, etwa in eine Werkstatt oder Ähnliches umgewandelt wird.

Zu diesen Streitfällen gehören auch die im Fallbeispiel „Der doppelte Spielturm“ (siehe Seite 27) dargestellten Sachverhalte mit den Spieltürmen in beiden Varianten. In der einen Variante konnte durch die in den Abstandsflächen errichteten Bauten aufgrund ihrer Massivität und der dadurch bedingten Brandlast der Brandschutz nicht sichergestellt werden, weshalb die Zulassung abgelehnt wurde. Im anderen Fall war der kleine Spielturm insgesamt nicht zu beanstanden, da weder Lichtverhältnisse, Belüftung noch eine Brandlast zu beanstanden waren.

Gesetz und Recht: In beiden Fällen stellt der Spielturm zwar eine bauliche Anlage dar, aber kein Gebäude im Sinne von § 2 Abs. 2 LBauO. Als „sonstige bauliche Anlagen“ kommt den Türmen nur dann nachbarrechtlich Bedeutung zu, wenn ihnen im Sinne von § 8 Abs. 8 LBauO (Landesbauordnung) eine gebäudegleiche Wirkung zukommt. Wirkungen wie von oberirdischen Gebäuden im Sinne des § 8 Abs. 8 Satz 1 LBauO gehen von einer baulichen Anlage dann aus, wenn sie nach ihrer baulichen Ausführung oder ihrer Anordnung auf dem Grundstück geeignet ist, die Belichtung, die Besonnung, die Belüftung oder den Brandschutz zu beinträchtigen. Dagegen können im Gesetz nicht abschließend aufgeführte Belange wie der ungestörte Wohnfrieden oder etwa der Ausblick und Ähnliches, von den Nachbarn nicht gegen die Grenzbebauung auf dem Grundstück geltend gemacht werden.

Einen Sonderfall stellt die Errichtung von Garagen in den Abstandsflächen dar, wenn die Abstandsflächen aufgrund einer Baulast zugunsten des Nachbargrundstücks von der Bebauung beziehungsweise von Gebäuden freizuhalten sind.

§ 9 LBauO RP gestattet zunächst, dass Abstände und Abstandsflächen, die grundsätzlich auf dem Vorhabengrundstück liegen müssen (§ 8 Abs. 2 S. 1 LBauO RP), sich ganz oder teilweise auf andere Grundstücke erstrecken, wenn öffentlich-rechtlich gesichert ist, dass diese Flächen dann nicht überbaut und dadurch auch die Abstandsflächen eingehalten werden.

Das bedeutet: Obwohl hier ausdrücklich eine Überbauung dieser Flächen auf dem Nachbargrundstück unzulässig ist, dürfen auf dem Nachbargrundstück dennoch Garagen und sonstige bauliche Anlagen errichtet werden, die generell in den Abstandsflächen zulässig sind.

Fazit: Wenn also zu Ihren Gunsten die Baulast auf dem Nachbargrundstück eingetragen wurde, haben Sie trotzdem keinen Abwehranspruch gegen die bauliche Ausnutzung der Abstandsflächen auf dem Nachbargrundstück. Das heißt, Sie müssen „Garagen und sonstige bauliche Anlagen“ tolerieren, die der Nachbar auf diesen Abstandsflächen auf seinem eigenen Grundstück errichtet.

Stellplätze

In allen Bauordnungen finden sich im Zusammenhang mit der Errichtung von baulichen Anlagen Regelungen über die Pflicht zur Herstellung von Stellplätzen auf dem Vorhabengrundstück. Ihre Zahl und Größe richtet sich nach den zu erwartenden Kraftfahrzeugen der Benutzer der Anlage sowie deren Besuchern. Die Einzelheiten ergeben sich in der Regel aus den gemeindlichen Stellplatz- und Garagensatzungen, aus denen sich auch die Einzelheiten über die Ablösung der Stellplatzpflicht ergeben. Die Vorschriften über die Stellplatzpflicht dienen dabei ausschließlich dem Schutz des öffentlichen Straßenverkehrs, um den fließenden Verkehr vom ruhenden Verkehr zu trennen.

Von diesem strikten Grundsatz gibt es nur eine einzige Ausnahme. Soweit in den Vorschriften über die Stellplätze explizit geregelt ist, dass durch die Benutzung der Stellplätze die Gesundheit nicht geschädigt sowie das Wohnen und Arbeiten, die Ruhe und Erholung der Umgebung nicht unzumutbar beeinträchtigt wird, kommt der Regelung über Stellplätze drittschützender Charakter zu (etwa §37 Abs. 8 BWBO; §47 Abs. 7 LBauORP;). Dies kann man allerdings nur dann einklagen, wenn die in der Vorschrift genannten Rechtsgüter tatsächlich beeinträchtigt sind. Oder auch: Wenn keines der genannten Rechtsgüter betroffen ist oder drittschützende Regelungen in den Bestimmungen über die Stellplatzpflicht ganz fehlen (etwa Art. 47 BayBauO; §52 HessBauO;§48 NRWBauO), können nur noch im Einzelfall nachbarrechtliche Ansprüche unter dem Gesichtspunkt des Rücksichtnahmegebots geltend gemacht werden, falls es etwa zu einer Überlastung der zum Baugrundstück führenden Straße oder zu unkontrolliertem Parksuchverkehr mit erheblicher Verschlechterung der Parksituation kommt.

Brandschutz (Schädliche Einwirkungen §§ 14, 15 LBauO)

Es ist anerkannt, dass die allgemeinen Anforderungen des Brandschutzes gemäß §15 LBauO RP neben dem Schutz von im Gebäude lebenden Menschen auch der Bewahrung vor Beschädigung von Sachwerten dienen. Nachbarschützender Charakter kommt den Bestimmungen des vorbeugenden Brandschutzes dann zu, wo sie sich auf die Stellung von Gebäuden und die Einhaltung von Gebäudeabständen beziehen.

Weitere drittschützende Vorschriften im Zusammenhang mit den Anforderungen des Brandschutzes ergeben sich aus einzelnen Bestimmungen der §§27 bis 46 LBauO RP, die die allgemeinen Anforderungen an den Brandschutz konkretisieren. Die gesetzlichen Vorschriften über den Brandschutz ent-

falten danach grundsätzlich eine nachbarschützende Wirkung.
So bestimmt etwa § 30 Abs. 8 Landesbauordnung RP, dass in Brandwänden Öffnungen unzulässig sind, wobei Brandwände gemäß § 30 Abs. 2 Nr. 1 LBauO RP immer dann herzustellen sind, wenn die Abschlusswand in einem Abstand bis zu 2,50 Meter von der Nachbargrenze errichtet werden soll.
Hieraus ergibt sich im Zusammenhang mit den Abstandsflächenvorschriften: Bei einem Abstand eines Gebäudes zur Nachbargrenze von 3 Meter als Mindestabstand sind in den Gebäudeabschlusswänden Öffnungen wie Fenster und Türen zulässig.
Nicht selten kommt es vor, dass auf zwei unterschiedlichen Grundstücken zwei selbstständige Gebäude unmittelbar durch eine Brandwand getrennt aneinandergebaut sind. Sobald das Dach zur Wohnnutzung ausgebaut wird, werden in den Dächern Dachflächenfenster geplant oder sollen nachträglich eingebaut werden. So hatte das VG Koblenz über folgenden Sachverhalt zu entscheiden:

Das ungenehmigte Dachfenster

Die Kläger und deren Nachbarn sind jeweils Eigentümer eines Reihenhauses, die direkt nebeneinanderliegen. Das Mansarddach der Kläger weist im Bereich des Dachgeschosses etwa 0,20 Meter von der Grundstücksgrenze zum Nachbargrundstück entfernt ein Dachflächenfenster auf. Zwischen den Beteiligten ist strittig, ob das Fenster bereits beim Umbau des vormals als Speicher dienenden Dachgeschosses im Jahr 1993 vorhanden war.

Die beklagte Baubehörde hat 1993 den Klägern die Baugenehmigung für den Ausbau des Dachgeschosses als Künstleratelier zwar genehmigt. Die genehmigten Pläne weisen dabei aber kein Dachflächenfenster auf. Die Baubehörde verfügte deshalb gegen die Kläger (die Eigentümer des Reihenhauses) eine Beseitigungsanordnung in Bezug auf das Fenster, der sich die Kläger widersetzen und die den Vorgang vor Gericht bringen.

Gesetz und Recht: Dachflächenfenster sind gemäß § 32 Abs. 7 LBauO RP nur zulässig, wenn sie so angeordnet sind, dass ein Brand nicht auf andere Gebäude oder Gebäudeteile übertragen werden kann. Demnach sind Öffnungen in der Dachfläche nur zulässig, wenn sie einerseits von den Brandwänden mindestens 1,25 Meter entfernt sind und andererseits die Brandwände mindestens 0,30 Meter über das Dach hinausgeführt sind. Diese Voraussetzungen lagen hier nicht vor, da das Fenster den notwendigen Abstand nicht einhielt und die Brandwand nicht 0,30 Meter über das Dach geführt worden war.

Auf die Einhaltung dieser Bestimmungen kann sich der jeweilige Nachbar des angebauten Gebäudes berufen, denn diese Bestimmung soll gerade das Übergreifen eines Brandes auf andere Gebäude verhindern. Auch eine Berufung des Klägers auf die Sonderregelung des § 30 Abs. 5 LBauO RP für eine „Über-Eck-Bebauung" auf dem gleichen Grundstück kam nicht in Betracht, da bereits die Voraussetzungen nicht vorlagen.

Fazit: Das beanstandete Dachflächenfenster musste rückgebaut und durch eine feste Dachdeckung ersetzt werden.

- **Vorschriften der Landesbauordnungen über die Bestimmungen zum Schutz gegen schädliche Einflüsse** dienen auch dem öffentlich-rechtlichen Nachbarschutz. So heißt es etwa in § 14 Landesbauordnung Rheinland-Pfalz, dass bauliche Anlagen so angeordnet und beschaffen sein müssen, dass durch Wasser, Feuchtigkeit, pflanzliche oder tierische Schädlinge sowie andere chemische, physikalische oder biologische Einflüsse Gefahren oder unzumutbare Belästigungen nicht entstehen.
  Damit kann der Nachbar insbesondere Einwirkungen einer baulichen Anlage auf sein Grundstück verhindern. Ihm steht dann ein subjektiv öffentliches Recht gegen die Baubehörde auf ermessensfehlerfreie Entscheidung zum Einschreiten zu. Ein derartiger Anspruch auf Tätigwerden gegenüber der Baubehörde ist etwa denkbar, wenn auf Ihrem Nachbargrundstück eine Bauruine entstanden ist, von der unzumutbare Belästigungen oder Gefahren, etwa durch Ungeziefer, nicht ordnungsgemäß abfließendes Wasser oder Ähnliches entstehen.
  Ein subjektives Recht des Nachbarn gegenüber der Baubehörde ergibt sich auch aus § 16 Abs. 2 und Abs. 3 Landesbauordnung Rheinland-Pfalz in Bezug auf Schall- und Erschütterungsschutz. Die drittschützende Wirkung dieser Schutzbestimmung haben die Gerichte ausdrücklich anerkannt.

Nicht hierunter fällt allerdings der nachbarliche Schutz vor Strahlungen, insbesondere auch elektromagnetischer Strahlung von Mobilfunkanlagen (Elektrosmog). Insoweit kann ein Abwehranspruch nicht auf § 16 Landesbauordnung gestützt werden, da hierfür abschließend die Regelungen der 26. Bundesimmissionsschutzverordnung (BImSchV) maßgebend sind. Diese Bestimmungen werden allgemein für angemessen gehalten, sie sind auch verfassungskonform, jedenfalls solange keine verlässlichen wissenschaftlichen Erkenntnisse über die gesundheitliche Schädigung des „Elektrosmogs" vorliegen.

Nachbarschutz gegen Lärm, Gerüche und Niederschläge

Ein weiterer großer Komplex öffentlich-rechtlicher Nachbarstreitigkeiten wird durch Immissionen und Emissionen wie Lärm, Gerüche, Staub und Ähnliches von den Nachbargrundstücken gebildet, auf denen emittierende Anlagen oder sonstige Gewerbebetriebe errichtet werden sollen oder errichtet sind.

Es ist medizinisch allgemein anerkannt, dass Lärm ab einer gewissen Intensität – in der Regel ab 70 dB(A) Dauerbelastung – gesundheitsschädlich ist, weshalb die Rechtsprechung diese Erkenntnis auch seit Langem übernommen hat. Nicht selten kommt es daher wegen Lärms, Gerüchen und ähnlichen Belsatungen zu Auseinandersetzungen zwischen Inhabern von Gewerbebetrieben, Gaststätten, Bars, Diskotheken sowie Handwerksbetrieben mit Nachbarn und Anwohnern, sodass sich auch hier die Frage nach dem öffentlich-rechtlichen Nachbarschutz stellt.

Mit dieser Begründung können Nachbarn versuchen, eine behördliche Genehmigung zugunsten des Betreibers von vornherein zu verhindern oder gleich mit Auflagen zu versehen. Oder man will nachträglich Auflagen zum Schutz des oder der betroffenen Nachbarn erwirken.

Dies ist etwa bei großen Planungsvorhaben der Fall, wenn sich Grundstückseigentümer, sei es aufgrund eines Planfeststellungsverfahrens (§ 73 VwVfG) oder aufgrund eines Bebauungsplanverfahrens (gemäß den Bestimmungen der Landesstraßengesetze) gegen eine Straßenplanung wenden oder gegen die Verlegung von Gleisen der Bahn sind, weil dadurch der Verkehrslärm zunimmt. Hierunter fallen auch nachbarliche Einwendungen gegen die Genehmigung zur Errichtung von Hühnerfarmen, die zu erheblichen Lärm- und Geruchsbelästigungen führen können. Zu denken ist auch an Einwendungen gegen die Genehmigung eines Sportplatzes in der Nähe einer Wohnsiedlung, die Genehmigung einer Gast- und Schankstätte im Nachbarhaus und die Durchführung eines Volksfests auf der gegenüberliegenden Wiese. All diese Beispiele machen die nachbarliche Betroffenheit deutlich, weshalb sich die Frage nach dem Nachbar- oder Drittschutz gegen derartige Vorhaben stellt.

Die rechtlichen Grundlagen für die Beantwortung dieses Fragenkomplexes finden sich im Wesentlichen im Bundesimmissionsschutzgesetz sowie den aufgrund dieses Gesetzes erlassenen Verordnungen, aber auch in den allgemeinen Verwaltungsvorschriften (TA Luft, TA Lärm) sowie in DIN-Vorschriften (etwa Schallschutz im Hochbau) und in Vorschriften und Gesetzen, die auf das Bundesimmissionsschutzgesetz verweisen.

„Anlagen" sind gemäß § 3 Abs. 5 BImSchG Betriebsstätten und sonstige ortsfeste Einrichtungen, Maschinen, die ortsveränderlich sind, und Grundstücke, auf denen

Stoffe gelagert oder Arbeiten durchgeführt werden, die Emissionen verursachen können, ausgenommen öffentliche Verkehrswege.

Das Bundesimmissionsschutzgesetz unterscheidet zunächst zwischen genehmigungspflichtigen Anlagen gemäß §4 BImSchG und nicht genehmigungspflichtigen Anlagen in §22 Bundesimmissionsschutzgesetz. Dass Anlagen eine Genehmigung brauchen, ergibt sich vor allem daraus, dass diese in besonderem Maße geeignet sind, schädliche Umwelteinwirkungen hervorzurufen oder in anderer Weise die Allgemeinheit oder die Nachbarschaft zu gefährden, erheblich zu benachteiligen oder erheblich zu belästigen.

Genehmigungspflichtige Anlagen: Mit der 4. Bundesimmissionsschutzverordnung wurde in einem Anhang 1 eine Vielzahl von emissionsträchtigen Anlagen aufgezählt und zu genehmigungsbedürftigen Anlagen erklärt, beginnend mit Anlagen für Wärmeerzeugnisse und Energie über Betriebe zur Stein- und Stahlverarbeitung bis hin zu Anlagen zur Verwertung von Abfällen und der Lagerung gefährlicher Stoffe, um nur die Wichtigsten zu nennen.

Unterschieden wird dabei weiter, ob ein Genehmigungsverfahren gemäß §10 BImSchG mit Öffentlichkeitsbeteiligung oder als vereinfachtes Genehmigungsverfahren ohne Öffentlichkeitsbeteiligung gemäß §19 BImSchG anzuwenden ist.

Nicht genehmigungsbedürftige Anlagen sind gemäß §22 Bundesimmissionsschutzgesetz alle sonstigen Anlagen, die allgemein so zu errichten und zu betreiben sind, dass

- schädliche Umwelteinwirkungen verhindert werden, die nach dem Stand der Technik vermeidbar sind,
- nach dem Stand der Technik unvermeidbare schädliche Umwelteinwirkungen auf ein Mindestmaß beschränkt werden und
- die bei dem Betrieb der Anlage entstehenden Abfälle ordnungsgemäß beseitigt werden können.

Als in diesem Sinne nicht genehmigungsbedürftige Anlagen sind etwa ein Kiosk, an dem alkoholische Getränke verkauft werden, eine Wasserfläche, auf der eine Jet-Ski-Anlage betrieben wird, oder eine mobile Hackschnitzelanlage, die Holz für eine Heizung zerkleinert, anzusehen, aber auch ein Glockengeläut einer Kirche und, wie sich aus §22 Abs. 1a BImSchG ergibt, etwa Kindertagesstätten, Kinderspielplätze und ähnliche Einrichtungen.

Für öffentliche Verkehrswege ist in §41 Bundesimmissionsschutzgesetz eine besondere Regelung vorgesehen. Für den Bau oder die wesentliche Änderung öffentlicher Straßen sowie von Eisenbahnen, Magnetschwebebahnen und Straßenbahnen ist danach sicherzustellen, dass durch diese keine schädlichen Umwelteinwirkungen durch Verkehrsgeräusche hervorgerufen werden, die nach dem Stand der Technik vermeidbar sind.

→ Schädliche Umwelteinwirkungen

Im § 3 Abs. 1 BImSchG ist definiert: Schädliche Umwelteinwirkungen sind Immissionen, die nach Art, Ausmaß oder Dauer geeignet sind, Gefahren, erhebliche Nachteile oder erhebliche Belästigungen für die Allgemeinheit oder die Nachbarschaft herbeizuführen. Immissionen sind dabei auf Menschen, Tiere und Pflanzen, den Boden, das Wasser, die Atmosphäre sowie Kultur- und sonstige Sachgüter einwirkende Luftverunreinigungen, Geräusche, Erschütterungen, Licht, Wärme, Strahlen und ähnliche Umwelteinwirkungen.

Bereits aus der Definition der schädlichen Umwelteinwirkungen ergibt sich die Schwierigkeit, die Grenzen zu bestimmen, ab wann Immissionen eine Gefahr, einen erheblichen Nachteil oder eine erhebliche Belästigung für die Allgemeinheit oder die Nachbarschaft herbeiführen. Hier ist ein objektivierter Maßstab nötig, also das Empfinden eines „verständigen Durchschnittsmenschen" zugrunde zu legen. Es kommt hier nicht auf subjektive Empfindlichkeiten der einzelnen Personen an.

Nicht zuletzt, um bei der Frage der Erheblichkeit beziehungsweise Zumutbarkeit von Immissionen einen überprüfbaren Maßstab anhand wissenschaftlicher Untersuchungen und Kriterien zugrunde legen zu können, wurde auf der Grundlage der §§ 23 und 43 (für Verkehr) BImSchG eine Vielzahl von Vorschriften erlassen, nämlich die BImSchV Nr. 1 bis Nr. 44 und nach § 48 BImSchG allgemeine Verwaltungsvorschriften (TA Lärm, TA Luft).

Die TA Lärm und die TA Luft legen nach der Baunutzungsverordnung (BauNVO) für bestimmte Baugebiete definierte Richtwerte fest, die im Einzelfall auch geringfügig überschritten werden können. In der Verkehrslärmschutzverordnung (16. BImSchV), der Sportanlagenlärmschutzverordnung (18. BImSchV) und der Maschinenlärmschutzverordnung (32. BImSchV) sind Richtwerte erlassen, die für die Erheblichkeit beziehungsweise Zumutbarkeit Grenzwerte bestimmen, die nicht überschritten werden dürfen.

Soweit für einen zu beurteilenden Sachverhalt keine konkreten Bestimmungen vorliegen, kommt es auf den Einzelfall an, wobei allerdings auf bestehende Regelwerke als Orientierungshilfe zurückgegriffen werden darf.

In den Verwaltungsvorschriften wie auch in den Verordnungen sind häufig umfangreiche Mess-Berechnungsverfahren vorgeschrieben, die in jedem Einzelfall konkret zur Anwendung kommen müssen. Ob und inwieweit dann im konkreten Fall die Richtwerte beziehungsweise Grenzwerte überschritten werden beziehungsweise welche Immissionen im Einzelfall zulässig sind, kann letztlich nur durch ein Sachverständigengutachten ermittelt und festgelegt werden. In rechtlichen Auseinandersetzungen geht es deshalb oft gar nicht primär um die Frage, ob die Überschreitung der festgelegten Richtwerte beziehungsweise Grenzwerte tatsächlich gegeben ist, sondern um die Fragen, welche Regelungen mit welchen Messverfahren anzuwenden sind und was an Immissionen und in welchem Umfang der konkreten Anlage zuzurechnen und zuzuschreiben ist.

Immer wieder müssen sich daher Gerichte damit beschäftigen, was im Rahmen von Ermittlungen von Immissionen beziehungsweise was bei Prognosen von Immissionen im Rahmen von Genehmigungen zu berücksichtigen ist, seien es Baugenehmigungen, Gaststättenerlaubnisse oder ähnliche Verwaltungsakte. Besonders deutlich wird das in einer Entscheidung, die das Bundesverwaltungsgericht im Dezember 2019 zum Gaststättenrecht getroffen hat:

Der Berliner Weinbrunnen

Die Stadtverwaltung gestattete mehreren Weinhändlern für zwei mehrwöchige Zeiträume vom 9. Mai bis zum 22. September 2014, auf einer Grünanlage eine Schankwirtschaft mit der besonderen Betriebsart „Schankstand" zu betreiben.

Die Gestattungen wurden jeweils für den Ausschank bis 21.30 Uhr und für den Aufenthalt von Gästen bis 22.00 Uhr erteilt. Dabei beachtete die Stadtverwaltung bei der Schallberechnung die Vorgaben der Umweltbehörde für die Ermittlung von Geräuschemissionen und -immissionen, die von Freiluftgaststätten verursacht werden.

Die Stadtverwaltung prognostizierte bei 400 Gästen im Bereich der Schankfläche und 200 Gästen auf dem Mittelteil der Anlage eine Schallbelastung durch den Betrieb der Schankwirtschaft für die Wohnung des nächstgelegenen Anwohners in Höhe von 54 dB(A). Dabei ging sie neben weiteren maßgebenden Kriterien von einer maximalen Schallleistung der Schankfläche von 93 dB(A) und des Mittelteils der Grünanlage von 90 dB(A) aus.

Gesetz und Recht: Die von der Stadtverwaltung vorgenommene Prognose war unzureichend. Der Betrieb der Gaststätte verletzte §4 Abs. 1 Nr. 3 GastG. Danach darf der Betrieb einer Gaststätte nicht gestattet werden, wenn er schädliche Umwelteinwirkungen im Sinne des Bundesimmissionsschutzgesetzes befürchten lässt. Erforderlich ist mithin eine Prognose hinsichtlich der Art und der Menge der von dem Betrieb der Gaststätte auf die Nachbarschaft einwirkenden Immissionen. Bei dieser Prognose sind einer Gaststätte nicht nur diejenigen Lärmimmissionen zuzurechnen, die von ihr selbst verursacht werden, sondern auch solche, die in einem betriebstechnischen oder funktionellen Zusammenhang mit ihr stehen. Danach muss der Gastwirt sich auch denjenigen Lärm zurechnen lassen, den seine Gäste nach dem Verlassen der Gaststätte verursachen, solange sie noch als Gaststättenbesucher in Erscheinung treten beziehungsweise als solche erkennbar sind. Das war vorliegend nicht berücksichtigt worden. Die Gestattungen der Stadtverwaltung waren in der gegebenen Form ungültig.

Zu vergleichbaren Streitigkeiten kommt es bei innerstädtischen Gaststätten, die in Baugebieten allgemein zulässig sind (§§ 4, 4a, 5, 6, 6a und 7 BauNVO), im Hinblick auf den zu erwartenden Ziel- und Quellverkehr oder nächtlichen Lärm von Parkplätzen, die von Gaststättenbesuchern genutzt werden.

Ähnliche Konstellationen findet man schließlich auch bei Volksfesten, aber auch bei Nutzungsänderungen von baulichen Anlagen für Veranstaltungen, bei denen dann ebenfalls Brauchtum und Tradition als „seltene Ereignisse" von Bedeutung sein können. Gerade bei Volksfesten ist zudem die Frage zu klären, welches Regelwerk – die TA Lärm oder die Freizeitlärmrichtlinie – der Prognose zugrunde zu legen ist.

Eine andere Konstellation, über die Gerichte hin und wieder zu entscheiden haben, liegt vor, wenn sich ein Anwohner und Nachbar einer ursprünglich genehmigten Anlage darüber beschwert, dass nach Aufgabe der genehmigten Nutzung diese nunmehr ohne Nutzungsänderung anderweitig als Bolzplatz oder Ähnliches weiter genutzt wird. Folgender Sachverhalt mag dies verdeutlichen.

Lärm vom Sportplatz

In einem durch Bebauungsplan festgesetzten allgemeinen Wohngebiet steht ein Mehrfamilienhaus, in dem Erich als Mieter im Dachgeschoss wohnt. Etwa 30 Meter entfernt, im Geltungsbereich eines weiteren Bebauungsplans, der ein Sondergebiet (Ferienpark) festsetzt, liegt eine genehmigte Tennisplatzanlage mit zwei Hartplätzen, die von einem rund 3 Meter hohen Gitterzaun umfasst sind.

Nachdem der private Betreiber der Tennisanlage Insolvenz angemeldet hat, wird das Grundstück von der Gemeinde übernommen und ab da vermehrt durch Fußball und Hockey spielende Kinder, Jugendliche und junge Erwachsene genutzt. Durch das Aufprallen des vergleichsweise schweren Fußballs auf die den Platz umgebenden Gitterzäune wird erheblicher Lärm verursacht.

Nachdem die Gemeinde diese unzulässige Nutzung zunächst verboten hat, legalisiert sie in der Folgezeit das Ballspiel und tauscht die bisherigen Verbotsschilder durch Hinweise auf die einzuhaltende allgemeine Ruhezeit aus. Erich hat sich bereits mehrfach ohne Erfolg bei der Gemeinde über den Lärm beschwert und klagt nun auf Einstellung der Nutzung.

Wenn Kinder lärmen
Kinderlärm ist draußen rein rechtlich keine schädliche Umwelteinwirkung, muss also grundsätzlich hingenommen werden.

Gesetz und Recht: Als Mieter und Nutzer der Wohnung kann Erich zunächst nur mit einer allgemeinen Leistungsklage seinen öffentlich-rechtlichen Abwehranspruch aus § 1004, 906 BGB geltend machen. Als Nachbar und Nichteigentümer hat er keinen Anspruch auf Nachbarschutz nach bauplanungsrechtlichen Vorschriften.

Es bleibt ein öffentlich-rechtlicher Unterlassungsanspruch zur Abwehr von schädlichen Umwelteinwirkungen gemäß § 3 Abs. 1 Bundesimmissionsschutzgesetz. Ein derartiger Unterlassungsanspruch besteht aber nur dann, wenn die Beeinträchtigung, hier die Geräuschimmissionen, nicht gemäß § 1004, 906 BGB in Verbindung mit § 22 Abs. 1 BImSchG zu dulden sind.

Nach § 22 Abs. 1 BImSchG sind nicht genehmigungsbedürftige Anlagen, zu denen Sportanlagen zählen, so zu errichten und zu betreiben, dass schädliche Umwelteinwirkungen gemäß § 3 BImSchG vermieden beziehungsweise verhindert werden. Ob Immissionen in diesem Sinne schädlich sind, hängt von einer Vielzahl von Faktoren ab, wobei auch die Wirkungen der Immissionen für den Betroffenen zu berücksichtigen sind.

Die Zumutbarkeit richtet sich daher, da besondere Regelungen nicht vorliegen, ausschließlich nach den jeweiligen Besonderheiten des Einzelfalls, insbesondere den durch die Gebietsart und die tatsächlichen Verhältnisse bestimmten Schutzwürdigkeit und Schutzbedürftigkeit. Dabei müssen auch insbesondere die allgemeine Akzeptanz und soziale Adäquanz berücksichtigt werden.

Auch können technische Regelwerke (TA-Lärm, Freizeitlärmrichtlinie) herangezogen werden, wenn sie für den Streitfall brauchbare Anhaltspunkte bieten. Soweit diese Regelwerke aber für den zu beurteilenden Sachverhalt nicht bestimmte Mess- und Berechnungsverfahren vorgeben, muss es bei den Umständen des Einzelfalls bleiben.

Dann kommt es darauf an, ob die vorgegebenen Werte auch unter Berücksichtigung der wertenden Elemente eine Duldungspflicht begründen.

Fazit: Im konkreten Fall war diese Zumutbarkeitsgrenze laut Gerichtsentscheid nicht überschritten, sodass der Abwehranspruch abgelehnt wurde. Der Sportbetrieb auf den Plätzen durfte also weiterhin so erfolgen wie gehabt.

Zum gleichen Ergebnis würde man kommen, wenn die Anlage nicht nachträglich von der Gemeinde selbst, sondern mit Genehmigung von einem Dritten betrieben worden wäre.

Und wenn der Bolzplatz oder ein Spielplatz durch entsprechende Beschilderung nur für Kinder zugelassen ist, greift bereits das absolute Toleranzgebot für Kinderlärm gemäß § 22 Abs. 1a Bundesimmissionsschutzgesetz, wonach Kinderlärm keine schädliche Umwelteinwirkung darstellt und Immissionsgrenz- und -richtwerte nicht gelten.

Schlafraubende Kirchenglocken

Einen vergleichbaren Abwehranspruch hat das Bundesverwaltungsgericht aus § 22 Abs. 1 BImSchG abgeleitet, als ein Arzt eine katholische Kirchengemeinde auf Unterlassung des allmorgendlichen Kirchengeläuts in Anspruch genommen hat. Er verlangte, dass das Glockengeläut einer nahegelegenen Kirche von 6.00 Uhr auf 7.00 Uhr oder später verlegt wird.

Gesetz und Recht: Wie im Fall des Sportplatzes handelt es sich auch hier um ein öffentlich-rechtliches Nachbarstreitverfahren, an dem „nur" zwei Personen – der Arzt und die Kirche als Körperschaft des öffentlichen Rechts (Art. 137 Abs. 4 WRV in Verbindung mit Art. 140 GG) – beteiligt sind, für die insbesondere die staatlichen (weltlichen) und nicht die kirchlichen Gerichte zuständig sind.

Zunächst ist es Sache der Kirche zu entscheiden, ob, wann und wie aus kirchlichen oder kultischen Gründen die Glocken anzuschlagen sind. Da dadurch Geräuschimmissionen auf die Umgebung verursacht werden, die zu schädlichen Umwelteinwirkungen führen können, hat der Staat dem Umfang des Glockengeläuts Grenzen zu setzen, die sich insbesondere aus § 22 Abs. 1 BImSchG ergeben.

Kirchenglocken gehören generell zum weiten Anlagenbegriff des § 3 Abs. 5 Bundesimmissionsschutzgesetz. Da es sich um eine nicht genehmigungspflichtige Anlage handelt, ist § 22 Abs. 1 BImSchG anzuwenden. Infolgedessen kommt es darauf an, ob das Kirchengeläut morgens um 6.00 Uhr eine erhebliche Beeinträchtigung des Arztes darstellt. Dabei ist auf das „Empfinden eines verständigen Durchschnittsmenschen" und nicht auf die individuelle Einstellung eines besonders empfindlichen Nachbarn abzustellen.

In aller Regel wird durch das herkömmliche tägliche Glockengeläut die Grenze der Zumutbarkeit nicht überschritten. Das Geläut ist eine jahrhundertalte kirchliche

Lebensäußerung, die auch in einer neutralen Gesellschaft hinzunehmen ist. Das Geläut überschreitet nicht die Grenzen des Angemessenen und muss daher auch unter dem Gebot gegenseitiger Toleranz als sozialadäquat ertragen werden.

Es findet zunächst nicht nachts statt, da insbesondere die TA Lärm die Nachtzeit von 22.00 Uhr abends lediglich bis 6.00 Uhr morgens definiert. Auch die Stärke der Glockenschläge, es wurden Lautstärkemessungen von maximal 52 dB(A) durchgeführt, geht nicht über das Übliche hinaus, was in einem allgemeinen Wohngebiet zulässig ist.

Fazit: Die Klage wurde daher konsequenterweise als unbegründet abgewiesen. Der Arzt muss sich weiterhin mit dem Kirchengeläut ab 6.00 Uhr morgens abfinden.

Genehmigungspflichtige Anlagen: Auch bei immissionsschutzrechtlichen Genehmigungen zur Errichtung und zum Betrieb genehmigungspflichtiger Anlagen gemäß § 4 BImSchG in Verbindung mit der 4. BImSchV auf, etwa Anlagen zur Lagerung und Behandlung von Abfällen, stellen sich nachbarschützende Fragestellungen.

Grundsätzlich hat der Betreiber einer genehmigungspflichtigen Anlage gemäß § 6 Abs. 1 BImSchG Anspruch auf Genehmigung, wenn sichergestellt ist, dass die sich aus § 5 und einer nach § 7 BImSchG erlassenen Rechtsverordnung ergebenden Pflichten erfüllt werden.

Während § 5 Abs. 1 Nr. 1 BImSchG erfordert, dass die Anlage so errichtet und betrieben wird, dass schädliche Umwelteinwirkungen und Gefahren nicht hervorgerufen werden können (Schutzpflicht), ist nach § 5 Abs. 1 Nr. 2 BImSchG Vorsorge gegen schädliche Umwelteinwirkungen zu treffen (Vorsorgegrundsatz). Während die Schutzpflicht dem Nachbarn einen Abwehranspruch nur gegen Anlagen gewährt, die diese Schutzpflicht nicht erfüllen, dient der Vorsorgegrundsatz nur und ausschließlich der Allgemeinheit. Letzterem kommt drittschützende Wirkung nicht zu. Diese Differenzierung war auch für folgenden Fall von ausschlaggebender Bedeutung:

Giftiger Staub auf Nachbars Feldern?

Es ging um eine immissionsschutzrechtliche Genehmigung zur Errichtung und zum Betrieb einer Anlage zur zeitweiligen Lagerung und Behandlung von Abfällen.

Die Anlage wurde dem Betreiber für bestimmte Grundstücke für die Lagerung besonders überwachungsbedürftiger und nicht besonders überwachungsbedürftiger Abfälle genehmigt, wobei Letztere auf der Anlage auch weiterbehandelt werden durften.

Der Eigentümer der angrenzenden und weiter benachbarten Grundstücke hat geltend gemacht, dass seine Grundstücke landwirtschaftlich genutzt werden. Durch die drohenden Staubimmissionen, die von der genehmigten Anlage ausgehen, sei die Qualität der Ernte auf den Flächen gefährdet und beeinträchtigt. Es sei auch zu erwarten, dass seine Grundstücke starken Schadstoffauswirkungen ausgesetzt sind, denn die Aggregate zur Zerkleinerung der Abfälle seien nicht abgekapselt, wie die TA Luft dies vorsehe. Über die befürchteten Staubimmissionen hatte bereits die Behörde ein Gutachten eingeholt.

Gesetz und Recht: Das Gericht hat den Antrag auf einstweiligen Rechtsschutz zurückgewiesen, da keine materiell-rechtlichen drittschützenden Vorschriften verletzt sind.

Nach § 6 Abs. 1 BImSchG ist eine Genehmigung zu erteilen, wenn sichergestellt ist, dass die sich aus § 5 und einer entsprechenden Rechtsverordnung ergebenden Pflichten erfüllt sind.

Nach § 5 Abs. 1 Nr. 1 BImSchG sind genehmigungspflichtige Anlagen so zu errichten und zu betreiben, dass schädliche Umwelteinwirkungen für die Allgemeinheit und die Nachbarschaft nicht hervorgerufen werden können. Weiter ist gemäß § 5 Abs. 1 Nr. 2 BImSchG Vorsorge gegen schädliche Umwelteinwirkungen zu treffen. Das eingeholte Gutachten kam zu dem Schluss, dass die Immissionen an staubgetragenen Schadstoffen auch im Nahbereich als gering einzustufen sind, da insbesondere die besonders überwachungsbedürftigen Abfälle lediglich aus belasteten Althölzern bestehen.

Auch dass geltend gemacht wird, dass die Aggregate zur Zerkleinerung nicht voll abgekapselt sind und die staubförmigen Emissionen nicht ständig gereinigt werden, führt hier nicht zum Erfolg: Nach der TA Luft sind zwar Maschinen zur Bearbeitung von festen Stoffen abzukapseln und staubförmige Abgase zu erfassen und zu reinigen. Diese in der TA Luft enthaltene Bestimmung stellt jedoch eine Regelung zu Anforderungen an die Vorsorge gegen schädliche Umwelteinwirkungen dar, die ausschließlich dem Schutz der Allgemeinheit dient und der kein drittschützender Charakter zukommt. Der betroffene Nachbar hat also kein Recht, dagegen zu klagen.

Fazit: Diese Beispiele zeigen, dass Nachbarschutz gegen Lärm oder sonstige Einwirkungen von Anlagen auf das Nachbargrundstück letztlich nur durchzusetzen ist, wenn man eigene Sachverständigengutachten vorlegen kann, die inhaltlich und vom Ergebnis her geeignet sind, die Einschätzungen, Stellungnahmen oder Auskünfte der Behörden und der Fachbehörden zu erschüttern und zu widerlegen. Diese werden bei Gericht generell als sachverständige Äußerungen gewertet und in der Regel sogar mit Vorrang und höherem Gewicht berücksichtigt als die Beschwerden klagender Betroffener. Dies müssen Sie bei Verfahren mit technischen Sachverhalten wie etwa Nachbarklagen gegen immissionsträchtige Anlagen stets berücksichtigen.

Hilfe

1 **Adressen, Kontakte**
Individuelle Beratungsangebote und Informationen zu Nachbarschaftsfragen

2 **Abkürzungsverzeichnis**
Das bedeuten die juristischen Abkürzungen, die Sie im Buch immer wieder vorfinden.

3 **Musterbriefe**
Formulierungshilfen für die häufigsten Konfliktfälle

4 **Stichwortverzeichnis**
Schlüsselwörter, die schnell zu den gesuchten Begriffen und Themen führen

Adressen, Kontakte

Beratung zu den einzelnen Problemen finden Sie ...

... als Eigentümer/Miteigentümer
bei den örtlichen Haus- und Grundbesitzervereinen. Diese erteilen Rechtsrat im Rahmen der jeweiligen Mitgliedschaft.
Die Adressen finden Sie im Telefonbuch, online (www.haus-und-grund.com) oder über die Zentralorganisation Haus und Grund Deutschland, Mohrenstraße 33, 10177 Berlin.

... als Mieter
bei den örtlichen Mietervereinen oder sonstigen Mieterorganisationen. Diese erteilen ebenfalls Rechtsrat im Rahmen der jeweiligen Mitgliedschaft.
Die Adressen finden Sie im Telefonbuch, online oder über die Zentralorganisation Deutscher Mieterbund, Littenstraße 10, 10179 Berlin, info@mieterbund.de.

... bei Rechtsanwälten,
hier insbesondere den jeweiligen Fachanwälten für Verwaltungsrecht, Strafrecht, Miet- und Wohnungseigentumsrecht, Bau- und Architektenrecht. Die jeweiligen Anschriften finden Sie im Telefonbuch, online oder gegebenenfalls bei den einzelnen Rechtsanwaltskammern der Gerichtsbezirke.

Wiki to Yes: Wiki to Yes ist eine Onlineplattform, in der Sie sich über alle Fragen der Konfliktbeilegung, speziell der Mediation, informieren können. Sie können dort auch aktiv Fragen einstellen. Die Expertencommunity wird Ihnen behilflich sein. Anlaufstellen sind:
www.wiki-to-yes.org/Hilfestellungen
www.wiki-to-yes.org/forum32
www.wiki-to-yes.org/Anlaufstellen
Für Gerichtskosten ist das Gerichtskostengesetz einschlägig. Alle Berechnungen, die im Zusammenhang mit einer Konfliktbeilegung auftreten, werden auf der Webseite **www.wiki-to-yes.org/Berechnungen** verlinkt. Dort finden Sie beispielsweise einen Rechner für Prozesskostenhilfe, für Anwaltsgebühren inklusive Gerichtskosten usw.

Landesrechtliche Besonderheiten

Das Nachbarrecht unterliegt zum Teil dem Landesrecht der Bundesländer. Die abweichenden Regelungen betreffen die Grenzabstände und gegebenenfalls die den Gerichtsverfahren vorzuschaltenden außergerichtlichen Verfahren nach § 15a EGZPO. Eine Sammlung mit Links zu den Nachbarrechtsgesetzen der Länder finden Sie bei **www.test.de/nachbarschaftsrecht**.

Abkürzungsverzeichnis

Abs.	Absatz
AG	Amtsgericht
AGBGB	Ausführungsgesetze zum BGB
Art.	Artikel
Az.	Aktenzeichen
BauGB	Baugesetzbuch
BauNVO	Baunutzungsverordnung
Bay.	Bayerisch
Bay ObLG	Bayerisches Oberstes Landesgericht
BGB	Bürgerliches Gesetzbuch
BGH	Bundesgerichtshof
BGHZ	Entscheidungen des Bundesgerichtshofs in Zivilsachen
BImSchG	Bundesimmissionsschutzgesetz
BImSchV	Bundesimmissionsschutzverordnung
BKleinG	Bundeskleingartengesetz
BauO NRW	Bauordnung Land Nordrhein-Westfalen
BVerfG	Bundesverfassungsgericht
BVerwG	Bundesverwaltungsgericht
DWW	Deutsche Wohnungswirtschaft
dB	Dezibel
GastG	Gaststättengesetz
GG	Grundgesetz
GVG	Gerichtsverfassungsgesetz
Hess.	Hessisch
LBauO RP	Landesbauordnung Rheinland-Pfalz
LBO	Landesbauordnung
LG	Landgericht
MDR	Monatsschrift für deutsches Recht
MEA	Miteigentumsanteil
NJW	Neue juristische Wochenschrift
NJW-RR	Neue juristische Wochenschrift Rechtsprechung Report
NZM	Neue Zeitschrift für Miet- und Wohnungsrecht
OVerwG	Oberverwaltungsgericht
OLG	Oberlandesgericht
OVG	Oberverwaltungsgericht
Salvo	Sportanlagen-Lärmschutzverordnung
StGB	Strafgesetzbuch
TA Lärm	Technische Anleitung zum Schutz gegen Lärm
TierSchG	Tierschutzgesetz
UmwRG	Umwelt-Rechtsbehelfsgesetz
VG	Verwaltungsgericht
VGH	Verwaltungsgerichtshof
VwGO	Verwaltungsgerichtsordnung
VwVfG	Verwaltungsverfahrensgesetz
WEG	Gesetz über das Wohnungseigentum und das Dauerwohnrecht
WEMoG	Wohnungseigentumsmodernisierungsgesetz
WuM	Wohnungswirtschaft und Mietrecht
ZBR	Zeitschrift für Beamtenrecht
ZMR	Zeitschrift für Miet- und Raumrecht

Musterbriefe

Folgende Musterbriefe sind beispielhaft für einige Beschwerdebriefe, im Einzelnen ist jedoch die von Ihnen zu bemängelnde Störung genauestens zu beschreiben, auch vom Störer verwendete Schimpfwörter sind wörtlich wiederzugeben, selbst wenn Sie diese Worte nicht gebrauchen.
Alle Briefe sollten aus Nachweisgründen entweder per Einschreiben übersandt werden, wobei üblicherweise ein Einwurfeinschreiben ausreichend ist, da für die Übergabe an die Post eine Bestätigung erteilt wird und auch der Postbote den Einwurf vermerkt. Ganz sicher kann man gehen, wenn man zusätzlich den Brief noch mit einfacher Post verschickt.
Bei Einschreiben mit Rückschein muss der Adressat den Rückschein unterzeichnen und es besteht die Gefahr, dass er entweder die Annahme verweigert oder er ist nicht anzutreffen. Er erhält dann nur eine Benachrichtigung, dass bei der Post für ihn ein Einschreiben hinterlegt ist. Wenn er diese Benachrichtigung nicht beachtet und das Schreiben nicht abholt, so ist es ihm nicht zugegangen. Der Absender erhält es dann nach Ablauf der Lagerfrist von einigen Wochen zurück.
Daneben besteht auch noch die Möglichkeit, den Brief in Gegenwart eines Zeugen zu kuvertieren und dann entweder selbst in dessen Gegenwart direkt in den Briefkasten des Adressaten einzuwerfen oder vom Zeugen einwerfen zu lassen

Schreiben an Nachbarn oder sonstigen Störer bei Grundstücksangelegenheiten

Per Einschreiben oder Einwurf in Gegenwart eines Zeugen in den Briefkasten

Absender ____________________

Anschrift ____________________

Sehr geehrte/r Frau/Herr ....,

wie bekannt ist, bin ich Eigentümer des Grundstücks ... (Straße/Ort).

Leider musste ich (am ... /gestern/vor wenigen Tagen) feststellen,

dass Sie und/oder Ihre Angehörigen quer über mein/unser Grundstück laufen und nicht auf dem daran vorbeiführenden Gehweg, um dadurch eine Abkürzung zu .... haben. Dadurch hat sich bereits eine Art Trampelpfad über den Rasen gebildet.

Bitte unterlassen Sie dies sofort. Ich/Wir bin/sind nicht verpflichtet, dies zu dulden.

Oder:

dass Ihr Hund ständig sein Geschäft auf meinem Grundstück/am Eck meiner Garage verrichtet. Dessen Hinterlassenschaften verunreinigen den Boden/Rasen, wie der Urin auch das Mauerwerk beschädigt. Zusätzlich mussten wir beim Rasenmähen unangenehme Erfahrungen mit dem umherfliegenden Kot machen.

Ich/Wir bin/sind nicht verpflichtet, dies zu dulden. Bitte sorgen Sie dafür, dass Ihr Hund seine Geschäfte auf Ihrem eigenen Grundstück verrichtet, oder führen Sie diesen anderweitig aus. Sollte Ihr Hund doch noch einmal hierzu mein/unser Grundstück aufsuchen, so sind Sie verpflichtet, dessen Hinterlassenschaften sofort auf eigene Kosten zu entfernen.

Oder:

dass Sie unmittelbar an der Grenze zu meinem/unserem Grundstück unter Missachtung der gesetzlichen Abstandsgrenze eine/n Hecke/Baum/Strauch gepflanzt haben.

Bitte entfernen Sie sofort/bis spätestens … die Pflanze vom jetzigen Standort und pflanzen Sie diese auch unter Berücksichtigung der späteren Wuchshöhe entsprechend den gesetzlichen Abstandsvorschriften auf Ihrem Grundstück neu ein.

Sollten Sie meine/unsere Aufforderung nicht (fristgerecht) beachten, so müssten deswegen gegen Sie leider gerichtliche Schritte eingeleitet werden, selbst wenn dadurch unser weiteres nachbarschaftliches Verhältnis getrübt würde. Sie werden jedoch sicher dafür Verständnis haben, dass ich/wir nicht verpflichtet bin/sind, Ihretwegen auf unsere Rechte als Grundstückseigentümer zu verzichten.

Mit freundlichen Grüßen

Anschreiben wegen Lärmbelästigung

Per Einwurfeinschreiben oder Einwurf in Gegenwart eines Zeugen in den Briefkasten

Absender ____________________

Anschrift ____________________

Sehr geehrte/r Frau/Herr ....,

wie bekannt ist, bin/sind ich/wir Wohnungsnachbarn. Gemäß der in unserem Haus bestehenden Hausordnung sind die allgemeinen Ruhezeiten einzuhalten. Leider haben Sie sich am ...../gestern nicht daran gehalten.

So haben Sie am ... ab 12.00 Uhr mittags bis 20.00 Uhr in Ihrer Wohnung mit einer Bohrmaschine gearbeitet. Der Lärm dieser Maschine war so laut, dass mein/unser Kleinkind weder seinen Mittagsschlaf halten, noch abends rechtzeitig einschlafen konnte.

Oder.

So haben Sie gestern/am ... ab ... Uhr bis ... früh um ... Uhr in Ihrer Wohnung mit mehreren Personen gefeiert. Sie haben lautstark Musik gehört, die Bässe dröhnten derart, dass bei uns Gläser im Schrank vibrierten. Die Unterhaltung Ihrer Besucher war so laut, dass sie wortwörtlich sogar noch in meiner/unserer Wohnung verstanden werden konnte, wie deren schrille Schreie/Lachanfälle uns immer wieder durch Mark und Bein fuhren. Ein normales Fernsehen in meiner/unserer Wohnung war dadurch nicht mehr möglich, wie es wegen des Lärms auch nicht möglich war, überhaupt einzuschlafen.

Zusätzlich haben Ihre Besucher dann noch beim Verlassen der Wohnung im Treppenhaus herumgeschrien und dadurch wiederum die Nachtruhe gestört.

Oder:

So haben Sie gestern/am ... um ... bis ... Uhr in Ihrer Wohnung derart lautstark gestritten, dass dies sogar durch die Wand hindurch bei mir/uns zu hören war. Sie haben sich gegenseitig mit unflätigen Schimpfwörtern wie „Arschloch", „Drecksau" und ähnlichen beschimpft, mit Sachen umhergeworfen und Türen auf- und zugeschlagen. Eine normale Nachtruhe war dadurch nicht möglich.

Eine persönliche Beschwerde meiner-/unsererseits bei Ihnen war nicht möglich, da der Lärm Ihrer Maschine/Ihrer Feier/Ihrer Streitigkeit so laut war, dass dadurch sogar Ihre Türklingel übertönt wurde.

Bitte halten Sie sich in Zukunft an die üblichen Ruhezeiten, die in unserer Hausordnung festgelegt sind, da andernfalls der Vermieter/die Hausverwaltung informiert und diese/r aufgefordert werden müsste, deswegen gegen Sie vorzugehen. Zusätzlich bestünde dann auch noch die Möglichkeit, wegen der Ruhestörung die Polizei zu rufen, was sicher ebenfalls nicht in Ihrem Interesse sein dürfte.

Mit freundlichen Grüßen

Schreiben an den Vermieter wegen andauernder Ruhestörungen aus der Nachbarschaft

Absender ____________________

Anschrift ____________________

Sehr geehrte/r Frau/Herr …,

leider muss/müssen ich/wir mich/uns in einer unangenehmen Sache an Sie wenden:

Seit einiger Zeit kommt es immer wieder zu Lärmstörungen aus der Wohnung von Herrn/Frau … im … EG/OG. Diese Ruhestörungen sind unerträglich, es ist weder möglich, einen Mittagsschlaf zu halten, abends mit normaler Lautstärke fernzusehen oder sich sonst wie zu erholen, geschweige denn nachts ein- oder durchschlafen zu können.

Persönliche Beschwerden bei den Mietern … , auch brieflich, zeigten keinen Erfolg.

Ich/wir bitte/n Sie deshalb, als Vermieter gegen diese Störungen vorzugehen und die Mieter … entsprechend abzumahnen und zur Ruhe aufzufordern.

Die einzelnen Ruhestörungen entnehmen Sie bitte dem folgenden Lärmprotokoll:

____

____

____

Mit freundlichen Grüßen

Lärmprotokoll

Dieses Protokoll sollte von allen geführt und unterzeichnet werden, die durch den Lärm gestört werden, und auch so lange, wie die Störungen andauern, also notfalls auch über Wochen/Monate. Die Beschwerdeführer müssen dann auch bereit sein, diese Angaben notfalls in einem Rechtsstreit über die Kündigung des Mietverhältnisses des Störers zu bezeugen.

So kann das zum Beispiel aussehen:

Zeugen (ggf. Unterschrift)	Besonderheiten	Verursacher	Art der Belästigung	Uhrzeit, Dauer	Datum der Belästigung
Nachbarn XY auf der Etage	Man konnte sein eigenes Wort nicht mehr verstehen.	Wohnung „Schmitz" nebenan.	Laute Musik	23.00 – 1.20 h	29.03.20
	Klingeln an der Wohnungstür wurde ignoriert.		Hämmern, bohren	12.15 – 13.20 h	01.04.20
	Durch die Bässe vibrierten bei uns die Gläser im Schrank.		Gartenparty mit lauter Musik, Grölen	0.30 – 2.15 h	04.04.20
	„Drecksau", „alter Säufer", Türenknallen, Geräusch von umhergeworfenen Gegenständen, Porzellanklirren		Streit hörbar, lautstarke Beschimpfungen	21.00 – 22.20 h	06.04.20

Lärmprotokoll erstellt von: ______

Zeugen (ggf. Unterschrift)	Besonderheiten	Verursacher	Art der Belästigung	Uhrzeit, Dauer	Datum der Belästigung

______
Unterschrift, Ort/Datum

Schreiben wegen anderer Störungen

Per Einwurfeinschreiben oder Einwurf in Gegenwart eines Zeugen in den Briefkasten

Absender ___________________

Anschrift ___________________

Sehr geehrte/r Frau/Herr … ,

wie bekannt, bin/sind ich/wir Mitbewohner im Anwesen … in … .

Sie haben gestern Nachmittag und abends auf Ihrer Terrasse/Ihrem Balkon gegrillt, wobei starker Rauch entstand, der durch die geöffneten Fenster in meine/unsere Wohnung gezogen ist, sodass diese vollkommen nach Rauch und Grillgut stank. Ich/Wir musste/n alle unsere Fenster auf der Vorder-/Hofseite schließen, was bei dem schönen und heißen Sommerabend äußerst unangenehm war.

Oder

Sie rauchen seit einiger Zeit nicht mehr in Ihrer Wohnung, sondern stellen sich dazu auf Ihren Balkon, wobei der Zigarettenrauch nach oben und durch das geöffnete Fenster in mein/unser Wohnzimmer zieht. Wie bekannt, habe ich gesundheitliche Probleme und bekomme beim Inhalieren von Rauch starke Atembeschwerden.

Bitte nehmen Sie in Zukunft Rücksicht auf Ihre Mitbewohner im Haus und sorgen Sie dafür, dass diese durch Ihr Grillen/Ihr Rauchen nicht belästigt werden.

Es ist doch sicher möglich, dass Sie vor Beginn Ihrer Grillaktion/oder vor Ihrem Aufenthalt auf dem Balkon zum Rauchen die neben und über Ihnen Wohnenden verständigen, sodass diese wenigstens ihre Fenster schließen können.

Sie können auch durch entsprechendes Verhalten beim Grillen/Rauchen dafür sorgen, dass dabei generell möglichst wenig Rauch und auch sonstiger Gestank entsteht.

Eventuell können wir uns auch darauf einigen, dass Sie nur zu bestimmten Zeiten auf Ihrem Balkon rauchen und mir/uns außerhalb dieser Zeiten die Möglichkeit gegeben ist, selbst ungestört auf meinem/unserem Balkon zu sitzen oder die Fenster geöffnet zu halten.

Oder

Wie bekannt, ist es bei uns im Haus üblich, dass sich jede Partei abwechselnd an der Hausreinigung beteiligt. Der Turnus ergibt sich aus dem Aushang am schwarzen Brett/der Hausordnungstafel, die jeweils nach Erledigung an die nächste Partei weitergegeben wird.

Laut diesem festgelegten Turnus waren Sie in der letzten Woche mit den Reinigungsarbeiten an der Reihe. Sie haben diese jedoch nicht erledigt, sondern einfach den Aushang am schwarzen Brett abgezeichnet/die Hausordnungstafel an mich/uns weitergereicht.

Ich/Wir bin/sind nicht verpflichtet, für Sie mitzuputzen und dadurch doppelte Arbeit zu erledigen. Bitte erfüllen Sie deshalb in Zukunft selbst und regelmäßig die Ihnen obliegenden Arbeiten, notfalls beauftragen Sie jemanden, diese auf Ihre Kosten zu erledigen, da andernfalls unser Vermieter/die Hausverwaltung verständigt und diese gebeten werden müsste, weitergehende rechtliche Schritte gegen Sie einzuleiten.

Oder

Wie bekannt, steht das Treppenhaus allen Mitbewohnern gemeinsam zur Verfügung und nicht Ihnen zur alleinigen Nutzung.

Trotzdem stellen Sie ständig Ihre Schuhe vor der Wohnungstür ab, wodurch sich nicht nur Geruchsbelästigungen beim Vorbeigehen ergeben. Die Schuhe liegen auch kreuz und quer auf dem Treppenabsatz und dem Vorplatz, sodass man ständig darüber stolpert. Sie müssen darüber hinaus beim Putzen im Rahmen der Hausordnung andauernd beiseitegestellt werden.

Zusätzlich stellen Sie ständig Ihr Fahrrad im Hauseingang ab, sodass kaum die Hauseingangstür geöffnet werden kann und auch bei der Hausreinigung dieses andauernd verstellt werden muss.

Bitte nehmen Sie Rücksicht auf Ihre Mitbewohner und verbringen Sie Ihre Schuhe in Ihre Wohnung. Ihr Fahrrad stellen Sie bitte im Fahrradkeller oder auch in Ihrem eigenen Kellerabteil ab, so wie die anderen Hausbewohner dies auch tun.

Mit freundlichen Grüßen

Stichwortverzeichnis

A

Abfalllagerung 152
Abgrabungen 28
Abhilfebescheid 53
Abmahnung 65
Abstandsflächen 13, 29, 139
Abstandsregelungen (Bauordnungen) 116
Abstellplatz 105
Abstrakt-generell drittschützender Charakter 114, 116
Airbnb 97
Aktiv- oder Passivlegitimation 12, 13
Anordnung der sofortigen Vollziehung 122
Antrag auf Anordnung der sofortigen Vollziehung 123
Anwalt 47, 51
Anwaltsgebühren 68
Ausblick 29
Auseinandersetzung 35
Ausnahmegenehmigung 32
Ausschank 31
Ausschank, temporärer 32

B

Babyschreien 92
Bauarbeiten, Lärm durch 98
Baugebietsfestsetzung 133
Baugenehmigung 121
Baugenehmigung, Nachbarschutz 129
Bauleitpläne 111
Bauleitplanung 126
Baumaßnahmen 72
Baumpflanzung 74
Baunachbarrecht, öffentliches 125
Baunutzungsverordnung 130, 135, 137, 147
Bauordnungsrecht 138
Bauplanungsrecht 126
Bebauungsplan 111, 134
Bebauungsplan, einfacher 129
Bebauungsplan, qualifizierter 129
Bebauungspläne 28, 29, 30, 124, 126, 133
Bebauungsplanverfahren 145
Behörde 52
Beratung 54
Berufsmusiker 96
Beschwerdeschreiben, formloses 64
Betreten, eigenmächtiges 74
Betretungsrecht Grundstück 73
Beweise 67
Beziehungskonflikt 60
Blumenkästen 105
Blüten 85
Bohrmaschine 93
Brandschutz 142
Bundesimmissionsschutzgesetz 145

C

Carports 140
Clearing 49, 55
Coach 51
Coaching 54

D

Dachfenster, ungenehmigtes 143
Denkmalschutzgesetze der Länder 140
Diskotheken 145
Distributives Verhandeln 55
Drittschützende Vorschriften 115, 119, 121, 127, 139, 142
Drohne 106
Duldung, Klage auf 66
Duschen 96
Dyadische Verfahren 50, 54

E

Eigentümerversammlung 66, 78
Eigentumswohnanlage, Garten 77, 78
Eigentumswohnanlage, Gartengestaltung 74
Eingriffsverwaltung 115
Einstweiliger Rechtsschutz 121
Elektrosmog 144
Emotionen 36, 39, 43
Ersatzbebauungsplan 135
Eskalation 47, 61, 63, 67
Eskalation vermeiden 22

F

Fahrräder 104
Fakten 43
Fallobst 86
Feiern 95
Fensterrechte 13
Ferienwohnung 97
Flächennutzungspläne 126
Fortsetzungsfeststellungsklage 32
Freiluftgaststätten 148
Freizeitlärmrichtlinie 149
Frösche 88
Fuhrunternehmen 136

G

Gallwey, Timothy 41
Garage 81
Garage, Zufahrt zur 19, 21
Garagen 140
Gartenanlage, Mieterrechte 81
Gartenfeste 95
Gartengeräte 91
Gartengestaltung 13, 15
Gartengestaltung, Kleingartenkolonie 83
Gartengestaltung, Pflanzen 80
Gartenhaus 78, 79, 81
Gartenhaus, Kleingartenkolonie 84
Gartenpartys 25
Gartenpflege 84, 85
Gartenteich 90
Gartenzwerge 13, 85, 87
Gäste, lärmende 95, 98
Gaststätten 145
Gaststätten, Lärm durch 98
Gaststättenbetrieb, vorübergehender 31
Gebietsbewahrungsanspruch 132
Gebietserhaltungsanspruch 137
Gebot der Rücksichtnahme 114
Geh- und Fahrtrecht 17, 20
Gemeinschaftseigentum 76
Gemeinschaftsordnung 77
Gemeinschaftsverhältnis, nachbarschaftliches 14
Gemengelage 137
Gericht 67
Gerichtskosten 68
Gerichtsverfahren 52, 56
Gerüche 99, 145
Geruchsbelästigungen 103, 105
Gerüst 72, 74
Geschosszahl, zulässige 30
Gestank 86, 99
Gewerbebetrieb, Wegerecht 19
Gewerbebetriebe 125, 128, 136, 145
Gewerbetreibende 12
Gewohnheitsrecht 17, 18, 19
Gießwasser 106
Grenzmauer 83
Grenzverletzung 82, 83
Grenzwand 82
Grillgerüche 99
Grillpartys 95
Grillrauch 13, 15
Grundsatz des effektiven Rechtsschutzes 117
Grundstück, Betretungsverbot 73
Grundstück, Dienstbarkeiten 17
Grundstück, Hinterlieger 17
Grundstück, Wegerechte 15, 17, 19
Grundstückseigentümer 12
Grundstückseigentümer, Rechte 14, 15
Grundstücksgrenze 14, 28, 72, 81
Grundstücksgrenze, Bäume an der 15
Grundstücksgrenze, Pflanzen an der 84
Grundstück, Erdarbeiten 79

H

Hahn 88, 90
Hammerschlags- und Leiterrecht 73
Harvard-Konzept 62
Hausflurreinigung 12
Hausfriedensbruch 73, 83
Haushaltsgeräte, Lärm 96
Hausordnung 13, 15, 101
Hausordnungen 14, 94
Heimwerker 94
Helfersystem 49
Heranrückende Wohnbebauung 128
Hindernisse 104
Hunde 15, 16, 23, 103
Hundebellen 88, 90
Hundegebell 26, 103
Hundekot 23, 25, 103

I

integratives Verhandeln 55
Interessenabwägung 32
interkulturelle Kommunikation 45
Interpunktion 47
Inzidenterprüfungen 126

K

Kameraüberwachung 108
Kaninchengehege 79
Katzen 23, 24, 103
Kehrwoche 101
Kinderlärm 97
Kinderspielgeräte 74, 79
Kinderspielplätze 92,146, 151
Kinderwagen 104, 105
Kirchenglocken 88, 91, 146, 151
Kirchenläuten 13
Klagebefugnis 118, 125
Kleinmöbel im Treppenhaus 105
Kleintiere 103
Kochgerüche 99
Kommunikation 42, 44, 46
Kommunmauer 83
Komposthaufen 84, 86
Konflikt 36, 39, 48, 56
Konfliktanalyse 59
Konfliktmanagement 48
Kuhglocken 13, 90
Kulturkreise, andere 44

L

Landesbauordnungen 29
Landesbauordnungen der Länder 111
Landesrecht 138
Lärm 15, 25, 26, 31, 32, 64, 123, 145
Lärm, Abwehransprüche 88
Lärmbelästigungen 88
Lärmmessungen 31
Lärmprotokoll siehe Störungsprotokoll 84, 163
Laub 15, 85
Laubbläser 88
Laubsauger 13
Lautsprecher 31
Leistungsklage 120
Leistungsverwaltung 115

M

Maschendrahtzaun 74
Maschinenlärmschutzverordnung 147
Maßfestsetzungen 131
Mediation 27, 51, 54, 56
Mediation, Kosten 69
Mediationsmodelle 56
Mehrfamilienhäuser 13, 15
Meinungen 43
Mieter 12
Mietminderung 65
Mietminderung, Baulärm 98
Mietvertrag 16
Mietwohnungen 14
Miteigentumsanteile (MEA) 76, 77
Mittagsruhe 94
Mobilfunkanlagen 144
Monadische Verfahren 49
Müll 152
Musik, laute 96
Musikunterricht 96
Musizieren, Lärm durch 96

N

Nachbar, Definition 12, 110
Nachbarrecht, öffentliches 53
Nachbarrechtsgesetz 110
Nachbarwand 82
Nachtruhe 15, 27, 31, 94, 95
Naturgarten 84
Nebenanlagen 28
Nebengebäude 29
Normenkontrolle 124, 127
Notwegerecht 17, 18, 20
Notwegrente 18, 20
Nutzen 51, 58, 62

O

Öffentliches Nachbarrecht 110
Öffentliches Recht 14
Öffentliches Baurecht 13

P

Partys 95
Passivlegitimiert 12
Pflanzabstände 80
Pflanzen, Abstandsvorschriften 80, 83
Planfeststellungsverfahren 145
Privates Recht 14
Privatrechtliche Auseinandersetzungen 15

R

Rachelärm 97
Rankgerüste 79
Rasenmähen 88
Rasenmäher 13
Raucher 98, 100
Reaktion 47
Recht auf gerechte Abwägung 127
Rechtslastregel 67
Rechtsschutz, vorläufiger 33
Rechtsschutzversicherungen 69
Rechtsstreit, Kosten 68
Rollator 104
Rückschnitt 86
Rücksichtnahmegebot 127, 133, 134, 137, 138
Ruhestörung 26, 64, 93
Ruhezeiten 91, 92, 93, 95, 96, 97, 98

S

Sachbeschädigung 21, 25, 83
Sachkonflikt 60
Sachverständigengutachten 148, 153
Sachverständigenkosten 69
Samenflug 15, 85
Schadenersatz 22, 25, 32
Schädliche Einwirkungen 142
Schädliche Umwelteinwirkungen 147
Schalldämmungsmaßnahmen 96
Schallschutz im Hochbau 145
Schankstand 32, 148
Schiedsgerichtsverfahren 52
Schiedsmann 69
Schlichtung 51, 54, 55, 58
Schlichtungsverfahren 66
Schmerzensgeld 26
Schneeräumen 102
Schuhe im Treppenhaus 104, 105
Schulen, Lärm durch 98
Schutzpflicht 152
Sexgeräusche 96
Sichtschutzelemente 105
Singen 96
Sondereigentum 76, 77
Sondernutzung 76
Sondernutzungsrechte 77, 78
Sonderzweckfläche 30
Soziale Beziehungen 37
Speditionsunternehmen 136
Sperrgrundstücksrechtsprechung 125
Spielgeräte, große 27
Spielturm 27
Sportanlagenlärmschutzverordnung 147
Sportplatz 145, 149
Sportplatz, Lärm vom 88, 91, 98
Sportvereine 13
Staub 145, 152
Stellplätze 142
Störungsprotokoll 64
Strafanzeige 66
Strafrechtliche Auseinandersetzungen 13
Streit 36
Streitbeilegung, außergerichtliche 54
Streitentscheidung 51

Streitinstanzen 49
Streitparteien 37, 61
Streitvermittlung 51
Streitwert 68
Swimmingpool 74, 79

T

TA Lärm 145, 147
TA Luft 145, 147
Tagesmutter 97
Technische Anleitung zum Schutz gegen Lärm (TA Lärm) 32
Teilungserklärung 14, 16, 75, 77
Therapeut 51
Therapie 54
Tiere, gefährliche 103
Tiere, Lärm durch 89
Tierschutzgesetz 25
Tierschutzvorschriften 27
Treppenhaus, Dekoration 87
Treppenhaus, Hindernisse im 104
Treppenhausreinigung 101
Treu und Glauben 14
Triadische Verfahren 51

U

Überbau 82
Überbau, Grenzverletzung durch 81, 83
Überbaurente 82
Überprüfungsverfahren 52
Umwelt-Rechtsbehelfsgesetz 120
Unterlassung, Klage auf 66
Unterlassungsklage 66
Untermieter, Lärm durch 97

V

Verbandsklagen 120
Verfahren 49
Verhandlung 54
Verhandlung, intuitive 55
Verhandlung, strukturierte 55
Verkehrslärmschutzverordnung 147
Verkehrswert, Minderung 17, 18
Verwalter 78
Verwaltungsakte mit Doppelwirkung 122
Verwaltungsverfahren 52
Videoüberwachung 108
Vögel 105
Vögeln, Lärm von 90
Volksfest 31, 145, 149
Vorsorgegrundsatz 152
Vorverfahren 117

W

Wahrnehmung 42
Wannsee-Entscheidung 114
Wärmedämmung, Grenzverletzung durch 81, 83
Wärmepumpe 88, 91
Wasserspülung 95
Watzlawick, Paul 42
Weinfest 148
WEMoG 76
Widerspruch 121
Widerspruchsbescheid 53
Widerspruchsverfahren 53, 117
Winterdienst 12, 13, 101
Wohnbebauung, heranrückende 128
Wohngeräusche, allgemeine 95
Wohnungseigentümer, Störungen 65
Wohnungseigentümergemeinschaft 12, 14, 65
Wohnungseigentumsmodernisierungsgesetz 76
Wurzeln 84, 86

Z

Zaun 73
Zeugen 68
Zimmerlautstärke 94, 95, 96
Ziviles Nachbarrecht 72
Zivilrecht 14, 15
Zivilrechtliche Auseinandersetzungen 13
Zuparken 21
Zweierverhältnis 114

Die Stiftung Warentest wurde 1964 auf Beschluss des Deutschen Bundestages gegründet, um dem Verbraucher durch vergleichende Tests von Waren und Dienstleistungen eine unabhängige und objektive Unterstützung zu bieten.

Wir kaufen – anonym im Handel, nehmen Dienstleistungen verdeckt in Anspruch.

Wir testen – mit wissenschaftlichen Methoden in unabhängigen Instituten nach unseren Vorgaben.

Wir bewerten – von sehr gut bis mangelhaft, ausschließlich auf Basis der objektivierten Untersuchungsergebnisse.

Wir veröffentlichen – anzeigenfrei in unseren Büchern, den Zeitschriften test und Finanztest und im Internet unter www.test.de

Die Autoren:

Dr. Ulrich Janes ist Rechtsanwalt, Fachanwalt für Verwaltungsrecht und Fachanwalt für Miet- und Wohnungseigentumsrecht.

Nina Schubert-Hartlich ist Rechtsanwältin, Fachanwältin für Miet- und Wohnungseigentumsrecht und Mediatorin (Hochschule Darmstadt).

Arthur Trossen war Familienrichter am Amtsgericht. Heute ist er Mitbegründer und Vorstandsvorsitzender der Integrierten Mediation. Er ist hauptberuflich praktizierender Mediator und Ausbilder in Mediation.

Stiftung Warentest
Lützowplatz 11–13
10785 Berlin
Telefon 0 30/26 31–0
Fax 0 30/26 31–25 25
www.test.de
email@stiftung-warentest.de

USt-IdNr.: DE136725570

Vorstand: Hubertus Primus
Weitere Mitglieder der Geschäftsleitung: Dr. Holger Brackemann, Julia Bönisch, Daniel Gläser

Programmleitung: Niclas Dewitz

Autoren: Dr. Ulrich Janes, Nina Schmidt-Hartlich, Arthur Trossen
Projektleitung/Lektorat: Uwe Meilahn
Mitarbeit: Merit Niemeitz
Korrektorat: Nicole Woratz, Berlin

Titelentwurf: Josephine Rank, Berlin
Layout: Büro Brendel, Berlin
Grafik, Satz: Anna Bakalovic, Berlin
Bildredaktion: Anna Bakalovic, Berlin
Bildnachweis: U1: GettyImages (Westend61); U4: links: GettyImages (vgajic), rechts: AdobeStock (ivanko80)
GettyImages: S. 10 (Image Source); S. 16 (Cavan Images); S. 23 (no_limit_pictures); S. 4, 28 (Inti St Clair); S. 34 (JGI/Jamie Grill); S. 40 (isitsharp); S. 50 (Prostock-Studio); S. 5, 51 (vgajic); S. 52 (laflor); S. 70 (Chris Ryan); S. 89 (Mint Images); S. 104 (tanyss); S. 150 (Pixel_Pig)
AdobeStock: S. 25 (ivanko80); S. 68 (Andy Dean); S. 84 (The Hidden Touch); S. 4, 102 (primipil)

Produktion: Vera Göring
Verlagsherstellung: Rita Brosius (Ltg.), Romy Alig, Susanne Beeh
Litho: tiff.any, Berlin
Druck: Rasch Druckerei und Verlag GmbH & Co. KG, Bramsche

ISBN: 978-3-7471-0326-5

Wir haben für dieses Buch 100 % Recyclingpapier und mineralölfreie Druckfarben verwendet. Stiftung Warentest druckt ausschließlich in Deutschland, weil hier hohe Umweltstandards gelten und kurze Transportwege für geringe CO_2-Emissionen sorgen. Auch die Weiterverarbeitung erfolgt ausschließlich in Deutschland.